Willst du gesund werden?

Hartwig Burgdörfer

Willst du gesund werden?

Heilsame biblische Geschichten,
nacherzählt für zweifelnde Menschen

Willst du gesund werden?
Heilsame biblische Geschichten,
nacherzählt für zweifelnde Menschen

© 2009 Hartwig Burgdörfer; 3. Auflage 2014
Herstellung und Verlag: Books on Demand GmbH, Norderstedt
ISBN 978-3-8370-8704-8

Bibliografische Information der Deutschen Nationalbibliothek
Die Deutsche Nationalbibliothek verzeichnet diese Publikation in der
Deutschen Nationalbibliografie; detaillierte bibliografische Daten sind
im Internet über   http://dnb.d-nb.de   abrufbar.

Dieses Buch widme ich meinem Lebenspartner
Stefan Heucke.

Inhalt

Einleitung

Seit über 30 Jahren führe ich fast täglich seelsorgerliche Gespräche: als Krankenhausseelsorger, zeitweise als Telefonseelsorger, in der Notfallseelsorge, in der Hospizarbeit, als Bordseelsorger, in Seelsorgekursen für Vikarinnen und Vikare, in supervisorischen Gesprächen oder als ganz normaler Mitmensch.

Immer wieder habe ich dabei die Erfahrung gemacht, dass bestimmte Begegnungen oder Ereignisse bei Menschen Unheil anrichten, was ihr ganzes weiteres Leben mit prägt und sie aus der Bahn wirft. Oft werden Menschen auch durch seelische Belastungen krank und lebensunfähig.

Auf der anderen Seite weiß ich aus meinem eigenen Leben, aber auch aus meiner Arbeit, dass Begegnungen oder bestimmte Erfahrungen auch heil machen können. Mitunter werden diese Erfahrungen als ein Wunder empfunden, wenn sie als solche auch nicht unbedingt anderen Menschen beweisbar sind. Diese Wunder gehen manchmal so weit, dass damit jemand auch körperlich gesundet; in anderen Fällen lernt er, das eingeschränkte Leben zu akzeptieren, Frieden damit zu schließen und trotz seines Schicksals glücklich zu werden.

In der Bibel finde ich etliche Geschichten, die heilende Begegnungen schildern. Ich habe sie gern in einigen Predigten nacherzählt. Meine Nacherzählungen sind nicht unbedingt historisch »wahr«. Aber ist es nicht bei vielen biblischen Berichten genau so, dass Jesus nachträglich Worte in den Mund gelegt wurden, die dennoch viel Wahrheit enthalten?

Einige der Nacherzählungen sind in die heutige Zeit versetzt worden, andere nicht. Außerdem habe ich einige Erzählungen zugefügt, die keine direkten Nacherzählungen sind. Ich hoffe, dass die Begegnung mit ihnen trotzdem heilsam sein kann.

Ich empfehle sehr, aus diesem Buch nur jeweils eine Geschichte zu lesen und sie dann mit durch den Tag zu nehmen. Mit welcher Erzählung Sie beginnen, ist egal. Die Kapitel sind jeweils in sich abgeschlossen und bauen nicht aufeinander auf.

Die vorangestellten biblischen Originaltexte sind der Übersetzung von Martin Luther entnommen in der revidierten Fassung von 1984. Die Texte wurden – der Vereinheitlichung und damit der besseren Lesbarkeit wegen – in die neue Rechtschreibung übertragen.

Wenn jemand meine Geschichten in Andachten oder Predigten verwendet, bitte ich um eine entsprechende Quellenangabe.

Bedanken möchte ich mich bei Elftraud von Kalckreuth, Andreas Bäppler, Stefan Heucke, Stefanie Heucke und Clemens Heucke, die mir mit ihrer kritischen Lektüre des Manuskripts weitergeholfen haben. Stefanie und Clemens Heucke haben dankenswerterweise auch das Layout der 1. Auflage des Buches erstellt.

Im Juni 2009 / Oktober 2014   Hartwig Burgdörfer

Falls Sie Kontakt mit mir aufnehmen möchten, freue ich mich:

Hartwig Burgdörfer
Otterkuhle 38
44795 Bochum
burgdoerfer@gmx.de
Tel. +49 172 9084892

Noahs Besuche im Krankenhaus
1. Mose 6-8

6.5 Als aber der HERR sah, dass der Menschen Bosheit groß war auf Erden und alles Dichten und Trachten ihres Herzens nur böse war immerdar,

6 da reute es ihn, dass er die Menschen gemacht hatte auf Erden, und es bekümmerte ihn in seinem Herzen,

7 und er sprach: »Ich will die Menschen, die ich geschaffen habe, vertilgen von der Erde, vom Menschen an bis hin zum Vieh und bis zum Gewürm und bis zu den Vögeln unter dem Himmel; denn es reut mich, dass ich sie gemacht habe.«

8 Aber Noah fand Gnade vor dem HERRN.

13 Da sprach Gott zu Noah:

14 »Mache dir einen Kasten von Tannenholz und mache Kammern darin und verpiche ihn mit Pech innen und außen.

15 Und mache ihn so: Dreihundert Ellen sei die Länge, fünfzig Ellen die Breite und dreißig Ellen die Höhe.

16 Ein Fenster sollst du daran machen obenan, eine Elle groß. Die Tür sollst du mitten in seine Seite setzen. Und er soll drei Stockwerke haben, eines unten, das zweite in der Mitte, das dritte oben.«

22 Und Noah tat alles, was ihm Gott gebot.

7.1 Und der HERR sprach zu Noah: »Geh in die Arche, du und dein ganzes Haus; denn dich habe ich gerecht erfunden vor mir zu dieser Zeit.

2 Von allen reinen Tieren nimm zu dir je sieben, das Männchen und sein Weibchen, von den unreinen Tieren aber je ein Paar, das Männchen und sein Weibchen.

3 Desgleichen von den Vögeln unter dem Himmel je sieben, das Männchen und sein Weibchen, um das Leben zu erhalten auf dem ganzen Erdboden.

4 Denn von heute an in sieben Tagen will ich regnen lassen auf Erden vierzig Tage und vierzig Nächte und vertilgen von dem Erdboden alles Lebendige, das ich gemacht habe.«

5 Und Noah tat alles, was ihm der HERR gebot.

7 Und er ging in die Arche mit seinen Söhnen, seiner Frau und den Frauen seiner Söhne vor den Wassern der Sintflut.

8 Von den reinen Tieren und von den unreinen, von den Vögeln und von allem Gewürm auf Erden

9 gingen sie zu ihm in die Arche paarweise, je ein Männchen und Weibchen, wie ihm Gott geboten hatte.

10 Und als die sieben Tage vergangen waren, kamen die Wasser der Sintflut auf Erden.

12 und ein Regen kam auf Erden vierzig Tage und vierzig Nächte.

16 Und der HERR schloss hinter ihm zu.

17 Und die Wasser wuchsen und hoben die Arche auf und trugen sie empor über die Erde.

22 Alles, was Odem des Lebens hatte auf dem Trockenen, das starb.

23 So wurde vertilgt alles, was auf dem Erdboden war, vom Menschen an bis hin zum Vieh und zum Gewürm und zu den Vögeln unter dem Himmel; das wurde alles von der Erde vertilgt. Allein Noah blieb übrig und was mit ihm in der Arche war.

8. 6 Nach vierzig Tagen wurde dem Regen vom Himmel gewehrt.

3 Da verliefen sich die Wasser von der Erde.

6 Noah tat an der Arche das Fenster auf, das er gemacht hatte,

7 und ließ eine Taube ausfliegen, um zu erfahren, ob die Wasser sich verlaufen hätten auf Erden.

9 Da aber die Taube nichts fand, wo ihr Fuß ruhen konnte, kam sie wieder zu ihm in die Arche; denn noch war Wasser auf dem ganzen Erdboden. Da tat er die Hand heraus und nahm sie zu sich in die Arche.

10 Da harrte er noch weitere sieben Tage und ließ abermals eine Taube fliegen aus der Arche.

11 Die kam zu ihm um die Abendzeit, und siehe, ein Ölblatt hatte sie abgebrochen und trug's in ihrem Schnabel. Da merkte Noah, dass die Wasser sich verlaufen hätten auf Erden.

12 Aber er harrte noch weitere sieben Tage und ließ eine Taube ausfliegen; die kam nicht wieder zu ihm.

13 Da tat Noah das Dach von der Arche und sah, dass der Erdboden trocken war.

20 Noah aber baute dem HERRN einen Altar und nahm von allem reinen Vieh und von allen reinen Vögeln und opferte Brandopfer auf dem Altar.

21 Und der HERR roch den lieblichen Geruch und sprach in seinem Herzen: »Ich will hinfort nicht mehr die Erde verfluchen um der Menschen willen; denn das Dichten und Trachten des menschlichen Herzens ist böse von Jugend auf. Und ich will hinfort nicht mehr schlagen alles, was da lebt, wie ich getan habe.

22 Solange die Erde steht, soll nicht aufhören Saat und Ernte, Frost und Hitze, Sommer und Winter, Tag und Nacht.«

Gerade ist Gudrun ins Krankenhaus gekommen. Das Aufnahmeverfahren und erste Untersuchungen hat sie schon hinter sich. Die Tasche ist ausgepackt. Erschöpft legt sie sich auf ihr Bett und fällt gleich in einen leichten Schlaf.

Im Traum geht sie durch einen lichten Wald und hört die Schläge einer Axt. Als sie diesem Geräusch folgt, entdeckt sie eine Lichtung, an deren Rand gerade mit lautem Krachen eine Tanne fällt. Ein alter Mann und drei jüngere beginnen gleich damit, die Äste abzuschlagen und den Stamm zu schälen. Erstaunt sieht Gudrun auf der Waldlichtung ein riesiges, halb fertiges Schiff liegen.

»Was tut ihr da?«, fragt sie den alten Mann, der sich gerade den Schweiß abwischt. »Wir bauen uns eine Arche!«, ist seine knappe Antwort. »Hier ist weit und breit kein Meer und kein Fluss! Wofür dann dieses große Schiff?« »Es droht große Gefahr«, entgegnet er. »Deshalb müssen wir rechtzeitig für unseren Schutz sorgen. Ich bin Noah, und die drei sind meine Söhne. Uns ist gesagt worden, dass eine große Flut kommen soll. Und wer bist du?« »Ich heiße Gudrun. Komisch: Auch mir hat mein Hausarzt gesagt, dass ich nicht warten soll, weil mir Gefahr droht. Ich solle sofort in die Klinik gehen, um mich zu retten.«

»Ist die Klinik auch eine Arche?« Offensichtlich kennt Noah keine Krankenhäuser.

»Vielleicht ist es da so ähnlich. Ich musste auch Vorbereitungen treffen. Eigentlich habe ich gar nicht die Zeit, mich dort ins Bett zu legen. Aber mein Arzt meint, wenn ich es vor mir herschiebe, dann kann es auch zu spät sein.« »Das möchte ich gern mal sehen, so eine Klinik. Lass uns in unseren Träumen miteinander sprechen«, meint Noah, als Gudrun sich verabschiedet.

Einige Tage vergehen. Gudrun wird von oben bis unten durchgecheckt. Manche Untersuchung bleibt ergebnislos. Immer spezieller und gezielter gehen ihre Ärzte vor, bis eines Tages ein niederschmetterndes Ergebnis eintrifft. Lange wälzt sich Gudrun an diesem Abend herum, bis sie schließlich doch noch einschläft.

Bald schon kommt Noah im Traum an ihr Bett und schaut sich um. »Das ist also deine Arche?«, stellt er staunend fest. »Die ist ja noch größer als meine! Und wie viele Kammern, Türen und Fenster es hier gibt. Bei uns in der Arche ist es dunkel und eng. Wir haben gerade mal ein einziges kleines Fenster und eine Tür, die auch noch zugeschlossen ist. Wir fühlen uns ziemlich eingesperrt in unserer Arche.« »Eingesperrt – das ist genau der richtige Ausdruck!«, erwidert Gudrun. »Ich bin hier auch eingesperrt. Ich kann mich kaum rühren, weil ich an Schläuche angeschlossen bin. Oft darf ich nicht aus dem Bett und muss manchmal stundenlang flach liegen bleiben. Manche Untersuchungsapparate sind eng und unheimlich. Vieles von dem, was man mit mir anstellt, tut weh. Und die Ergebnisse von heute haben mir den Boden unter den Füßen weggerissen. Ich habe keinen festen Grund mehr, auf dem ich stehen kann. Alles ist ins Wanken gekommen. Ich sehe kein Land mehr und weiß nicht, wohin ich mich retten soll. Ich habe Angst. Mein ganzes Leben ist ins Schwimmen geraten.«

»Das kenne ich«, nickt Noah zustimmend. »Als es bei uns angefangen hat mit einem Unwetter nach dem anderen, da habe ich es auch mit der Angst zu tun bekommen. So eine Erfahrung war mir völlig unbekannt. Am schrecklichsten war der Moment, als unsere Arche aufschwamm. Da waren diese Geräusche, die ich nicht einsortieren konnte. Das Holz ächzte und knarrte überall. Dazu kam die Spannung, ob alles dicht ist. Vom Wellengang, der uns hin und her geworfen hat, ist mir ziemlich übel geworden. Oft bewegt mich immer noch die Frage, ob die Arche kippen und kentern wird. In der ersten Zeit sind wir immer wieder gegen Steine und Hindernisse gekracht, weil der Grund noch so flach unter der Arche war. Oft haben wir uns gegenseitig zitternd an den Händen gehalten und gehofft, dass wir nicht alle gleichzeitig den Mut verlieren.«

Gudrun schaut Noah verständnisvoll an. »Wenn meine Angst hier besonders groß ist, dann unterhalte ich mich mit einer Patientin aus dem Nachbarzimmer. Die hat etwas Ähnliches durchgestanden, wie ich es jetzt erlebe. Dann sagen wir uns immer gegenseitig: ›Wir beide, wir schaffen das!‹ Vielleicht machen wir uns ja was vor. Aber es tut gut, wenn ich mit meiner Krankheit nicht ganz allein bin.«

»Guten Morgen!«, tönt die freundliche Stimme der Krankenschwester von der Frühschicht. Gudrun wacht auf, und Noah ist natürlich entschwunden.

Erst vier Wochen später treffen sich Noah und Gudrun wieder.

Noah wirkt nervös und unausgeglichen. Heute eröffnet Gudrun das Gespräch: »Na, wie geht es euch? Seid ihr mit eurer Arche gut gelandet?«

»Gelandet? Ich glaube, wir werden nie wieder landen! Nichts als Wasser ist zu sehen. Ringsherum nichts als Wasser, Wasser, Wasser. Wie sollen wir da je wieder rauskommen? Wir haben einen richtigen Archenkoller. Alles Aushalten scheint so sinnlos zu sein. Wir kommen nicht von der Stelle. Hilflos treiben wir im Wasser hin und her. Gegenseitig fauchen wir uns nur noch an. Stell dir mal den Gestank in unserer Arche vor! All die wilden Tiere geben ihre Gerüche ab. Wir selbst können uns nicht so waschen, wie wir es gewohnt sind. Vor einigen Tieren wächst auch unsere Angst, weil die ja auch immer unruhiger werden und nicht ungefährlich sind. Was ist, wenn das Futter knapp wird? Unsere Reserven sind ja nicht unerschöpflich, und Nachschub können wir nicht besorgen.

Vor wenigen Tagen sind wir an einem der letzten Berggipfel vorbei getrieben, die noch aus dem Wasser schauten. Darauf hatten sich einige Menschen geflüchtet. Wir sahen, wie die Flut immer höher stieg, aber wir konnten ihnen nicht helfen. Sie sind ertrunken, und ihre Hilferufe gehen mir nicht mehr aus den Ohren.« Mit einem Seufzer sackt Noah auf dem Stuhl ein Stück in sich zusammen. Gudrun kann ihn sehr gut verstehen. »Mir geht es oft ähnlich, Noah. Mal geht es ein Stück voran, und dann gibt es wieder einen Rückschlag. Jetzt ist noch ein Keim dazugekommen, der mich schwächt. Auf andere Leute bin ich nicht gut zu sprechen. Wer hat mir diesen Keim wohl angehängt? Manchmal bin ich kurz davor, mich selbst zu entlassen – egal, was dabei rauskommt. Ich will dann nur weg hier! Ich habe keine Kraft mehr. Und wie lange habe ich schon nicht mehr richtig duschen können! Ich ekele mich manchmal vor mir selbst.

Am schlimmsten ist aber, dass meine nette Mitpatientin gestorben ist. Wir wollten doch gemeinsam kämpfen – und nun hat sie es nicht geschafft. Ich weiß auch nicht mehr, wie es weitergehen soll.«

Gudrun und Noah schauen sich stumm und verzweifelt an. Die Augen werden nass. Ihre Hände suchen sich, und gemeinsam lassen sie ihre Tränen laufen, bis Noah wieder aufbrechen muss.

Nach fünf Tagen oder Nächten schaut Noah wieder durch die Tür. »Du bist der Einzige, der ohne Mundschutz, Schutzkittel und Gummihandschuhe hereinkommen darf«, empfängt ihn Gudrun. »Vorgestern wurde ein Abstrich genommen, ob ich noch den Keim habe. Wie sehr ich gehofft habe, dass der Befund negativ sei! Das Warten hat an meinen Nerven gezerrt. Und dann doch eine schlechte Nachricht: Ich habe doch noch Keime. Ich muss also weiter eingesperrt in diesem Zimmer bleiben, bekomme kaum Besuch – nur vermummte Gestalten, die auf Abstand bleiben! Und wieder warten, warten, warten.« »Wie ähnlich wir doch Vieles erleben«, stellt Noah fest. »Ich hatte auch gedacht, dass die große Flut nun vorbei sei. Als der Regen aufgehört hat, habe ich eine Taube losgeschickt, um trockenes Land zu finden. Aber sie kam erschöpft zurück, weil sie keinen Punkt zum Ausruhen gefunden hatte. Das hat mich sehr,

sehr enttäuscht, und ich werde wohl eine Woche warten müssen, bis ich sie wieder losschicken kann. Wie lange sind wir beide jetzt eigentlich schon in unseren Archen?« »Sechs Wochen. Sechs lange, schwere Wochen – und manchmal frage ich mich trotzdem, wo die Zeit geblieben ist. Aber ich hoffe, die längste Zeit liegt jetzt hinter uns«, schließt Gudrun das heutige Treffen ab.

Zwei Wochen später taucht Noah mit einem viel fröhlicheren Gesicht auf. »Wir haben wieder festen Grund unter den Füßen. Die Arche hat aufgesetzt und ist dabei nicht umgekippt. Noch ein paar Tage, und wir können wieder in die Freiheit! Endlich sehe ich wieder Licht und habe Grund zur Hoffnung! Ich freu mich so und kann es kaum erwarten, die Arche zu verlassen. Aber dich werde ich natürlich weiter besuchen kommen, Gudrun.« »Du, bei mir wird auch schon über die Entlassung gesprochen«, entgegnet Gudrun ihm. »Die Sozialarbeiterin war schon da und hat für die erste Zeit Hilfe in die Wege geleitet. Etwas Angst habe ich ja, ob ich zu Hause zurechtkommen werde. Hier im Krankenhaus wurde doch ganz gut für mich gesorgt, und trotz allem habe ich mich irgendwie sicher gefühlt. Zu Hause bin ich nichts mehr gewöhnt, und etwas wackelig fühle ich mich noch auf den Beinen. Aber notfalls kann ich ja wieder in meine ›Arche‹ zurückkommen, hat die Stationsärztin gesagt. Ach Noah, ich bin ja so froh, dass ich diese Zeit überstanden habe. Es war übrigens ganz schön für mich, dass du mich in den Träumen immer wieder besucht hast. Danke dafür!« »Die Besuche haben mir genauso viel gebracht wie dir«, antwortet Noah. »Für mich und meine Familie wird es jetzt auch nicht leicht werden. Wir müssen auf der verwüsteten Erde wieder ganz von vorn anfangen. Das wird viel Mühe und Kraft kosten. Aber wir sind so froh und dankbar, dass wir die große Flut überstanden haben. Zuerst werde ich Gott ein Dankopfer bringen, denn ich habe in dieser Zeit gemerkt, wie wenig selbstverständlich unser Leben ist. Bei aller Gefahr hat er uns doch wohl behütet. Warum nur sind ausgerechnet wir am Leben geblieben, was viele andere nicht geschafft haben?«

»Vielleicht hast du es verdient?«, fragt Gudrun.

»In meinem Fall mag das vielleicht sogar stimmen. Aber inzwischen hat Gott mir zu verstehen gegeben, dass unser Schicksal niemals mehr davon abhängen soll, wie gut oder schlecht wir sind. Die Sonne scheint über gute und schlechtere Menschen gleich, und Katastrophen können jede und jeden treffen. Wahrscheinlich gibt es keinen wirklichen Grund für das Glück oder Unglück. Aber schau einmal da hinten den Regenbogen! Ist der nicht schön?«

»Ja! Die bunten Farben des Regenbogens sind nur zu sehen, wenn ein Unwetter abzieht und danach die Sonne wieder zum Vorschein kommt. Das ist wie in meinem Leben. Nach dieser langen Zeit im Krankenhaus kann ich viel intensiver die Buntheit und Schönheit eines Tages entdecken als vor meiner Krankheit. Wahrscheinlich liegt es daran, dass die scheinbare Selbstverständlichkeit des Lebens verschwunden ist. Jeden Tag genieße ich jetzt, als wäre es der einzige, den ich zur Verfügung hätte.

Adieu, Noah! Wenn ich auch kein Opfer bringe wie du, so will ich mir jetzt doch einmal Zeit nehmen für ein Dankgebet. Lass uns weiter aneinander denken, wenn wir uns erinnern an unsere Sintfluten – du in deiner Arche und ich hier im Krankenhaus!«

Sobald Noah gegangen ist, wacht Gudrun auf. Sie packt ihren Koffer und freut sich an der Sonne, die gerade durch die Wolken bricht und sich in einem bunten Regenbogen spiegelt.

Man muss auch Opfer bringen – oder?
1. Mose 22. 1-14

1 Nach diesen Geschichten versuchte Gott Abraham und sprach zu ihm: »Abraham!« Und er antwortete: »Hier bin ich.«

2 Und er sprach: »Nimm Isaak, deinen einzigen Sohn, den du lieb hast, und geh hin in das Land Morija und opfere ihn dort zum Brandopfer auf einem Berge, den ich dir sagen werde.«

3 Da stand Abraham früh am Morgen auf und gürtete seinen Esel und nahm mit sich zwei Knechte und seinen Sohn Isaak und spaltete Holz zum Brandopfer, machte sich auf und ging hin an den Ort, von dem ihm Gott gesagt hatte.

4 Am dritten Tage hob Abraham seine Augen auf und sah die Stätte von ferne

5 und sprach zu seinen Knechten: »Bleibt ihr hier mit dem Esel. Ich und der Knabe wollen dorthin gehen, und wenn wir angebetet haben, wollen wir wieder zu euch kommen.«

6 Und Abraham nahm das Holz zum Brandopfer und legte es auf seinen Sohn Isaak. Er aber nahm das Feuer und das Messer in seine Hand; und gingen die beiden miteinander.

7 Da sprach Isaak zu seinem Vater Abraham: »Mein Vater!« Abraham antwortete: »Hier bin ich, mein Sohn.« Und er sprach: »Siehe, hier ist Feuer und Holz; wo ist aber das Schaf zum Brandopfer?«

8 Abraham antwortete: »Mein Sohn, Gott wird sich ersehen ein Schaf zum Brandopfer.« Und gingen die beiden miteinander.

9 Und als sie an die Stätte kamen, die ihm Gott gesagt hatte, baute Abraham dort einen Altar und legte das Holz darauf und band seinen Sohn Isaak, legte ihn auf den Altar oben auf das Holz

10 und reckte seine Hand aus und fasste das Messer, dass er seinen Sohn schlachtete.

11 Da rief ihn der Engel des HERRN vom Himmel und sprach: Abraham! Abraham! Er antwortete: »Hier bin ich.«

12 Er sprach: »Lege deine Hand nicht an den Knaben und tu ihm nichts; denn nun weiß ich, dass du Gott fürchtest und hast deines einzigen Sohnes nicht verschont um meinetwillen.«

13 Da hob Abraham seine Augen auf und sah einen Widder hinter sich in der Hecke mit seinen Hörnern hängen und ging hin und nahm den Widder und opferte ihn zum Brandopfer an seines Sohnes Statt.

14 Und Abraham nannte die Stätte »Der HERR sieht«. Daher man noch heute sagt: »Auf dem Berge, da der HERR sieht.«

Eliéser heißt er. Er ist der älteste Knecht Abrahams und sein Vertrauter. Wenn er abends beim Tee am Feuer sitzt, dann erzählt er gern aus seinem Leben. Und diese Geschichte, die erzählt Eliéser besonders gern, denn sie hat sein Leben geprägt:

»Ihr alle wisst, wie ich damals aus Damaskus kam und in Abrahams Dienste trat. In Ur in Chaldäa war das. Als einfacher Schafhirte begann ich. Doch im Laufe der Zeit wurde mir immer mehr Verantwortung anvertraut. Abraham war ein frommer Mann. Er betete viel zu seinem Gott: Dass das Weideland genug Futter für seine Tiere geben möge. Dass seine Viehherde gut gedeihen möge. Vor allem aber betete er, dass sein Gott ihm einen Sohn schenken möge.

Eines Tages hieß es: ›Wir gehen fort.‹ Ich fragte die anderen Knechte und Mägde, ob sie wüssten, weshalb und wohin wir wegziehen sollten. Aber niemand wusste es. Ich fragte Abrahams Frau Sarah, aber auch die antwortete nur: ›Das weiß nicht einmal Abraham selbst, wohin wir gehen. Sein Gott hat es ihm befohlen und ihm dafür versprochen, dass er der Vater eines großen Volkes werden soll.‹ Ich wunderte mich, denn Sarah schien ja unfruchtbar zu sein. Wie sollte Abraham da Familienvater werden?

Ich weiß nicht, ob ich meine Heimat so leicht aufgegeben hätte – nur weil ein Gott es so befiehlt. Dieser Gott kam mir sehr streng vor. Er verlangte Gehorsam und sehr viel Vertrauen. Mir als Knecht konnte es egal sein. Wenn mein Herr mit seiner Herde wegzog, hatte ich mitzugehen. Sonst hätte ich keine Arbeit mehr gehabt.

Immer wieder habe ich Abraham nach dem Ziel gefragt. ›Gott wird uns einen Platz zeigen‹, war jedes Mal seine Antwort, ›einen Platz, wo Milch und Honig fließt, wird Gott uns zeigen.‹ Wir waren lange unterwegs – mit großen Zelten, bepackten Tieren, der ganzen Herde und einem Teil von Abrahams Sippschaft. Schließlich haben wir unseren Platz gefunden. Jahrelang war Abraham enttäuscht und niedergeschlagen, denn er und Sarah bekamen bis ins hohe Alter kein Kind. Dabei hatte Gott ihnen versprochen, Nachkommen zu haben wie Sand am Meer. Manchmal hatte ich das Gefühl, dass er Zweifel bekam, ob er seinem Gott so bedingungslos hätte vertrauen sollen.

Fast hätte ich alles von Abraham geerbt. Aber schließlich kam dann doch noch Isaak zur Welt. Er war Abrahams ganzer Stolz, seine Zukunft, seine Liebe, sein Glück und das Ziel seines Lebens. Ganz vernarrt war er in seinen Sohn. Ich fand mich damit ab, zeitlebens Knecht zu bleiben. Allerdings war ich im Laufe der Zeit zu Abrahams vertrautem Verwalter geworden und konnte über mein Auskommen nicht klagen.

Der kleine Isaak war schon ein paar Jahre alt, als diese Woche kam, die ich nie mehr vergessen werde. Eines Morgens früh weckte Abraham mich und einen Burschen. Sarah sollte nicht wach werden. Wir nahmen Isaak in unsere Mitte und setzten ihn auf einen Esel. Hinter ihm schnürte er dem Esel ein Bündel Brennholz auf den Rücken. Abraham hatte einen Eimer mit glühenden Holzscheiten dabei, etwas Proviant und ein Messer. Ins Land Morija sollte es gehen. Was wir dort wollten? Abraham antwortete nicht auf meine Frage. Warum Sarah weiterschlafen sollte ohne Abschied? Abraham antwortete nicht. Aber was hatte ich zu fragen? So gingen wir schweigend. Abraham war bedrückt. Das merkte man. Er sagte nichts.

Ich überlegte und grübelte, was wohl los sein könnte. Dann kam mir eine Idee. Aus meiner Heimat wusste ich: Wenn man einen ganz wichtigen Wunsch hatte, dann versprach man mitunter den Göttern ein Opfer für den Fall, dass sie einem halfen. Manche versprachen sogar, das Liebste herzugeben, was sie hatten. Hatte Abraham das auch seinem Gott versprochen: ›Ich gebe dir das Liebste und Wertvollste, was ich habe‹? Und nun hatte Gott seinen Sohn Isaak verlangt? So musste es sein! Wir hatten fast alle Zutaten für ein Brandopfer dabei: Feuer, Brennholz und ein Messer! Und wir hatten kein Tier zum Schlachten! Dazu kam Abrahams geheimnisvolles und bedrücktes Schweigen. Das passte zusammen. Mir lief es kalt den Rücken herunter. Was musste das für ein Gott sein, der ihm erst seine Vergangenheit und seine alte Heimat wegnahm und dann auch noch die lang ersehnte, endlich wahr gewordene Zukunft? Dieser Gott konnte nicht besser sein als all die anderen Götter, die hier verehrt wurden! War er genauso grausam, machtgierig und Angst einflößend? Abrahams Gott hatte doch versprochen, ihn zu begleiten und mit Abrahams Sippe durch die Welt und durch das Leben zu gehen! Er hatte ihm dieses Kind versprochen und Enkel und Urenkel! War das alles Lüge? War das ein Gott, der seinen Spaß daran hat, Menschen zu quälen? So wie Kinder manchmal mit Vergnügen den Fliegen die Beine ausreißen und sich an ihrer Macht freuen?

Und Abraham – was für ein Vater musste das sein? Wie konnte er sein Kind ohne Zögern in den Tod locken? Dieses Kind vertraute ihm völlig. Dieses Kind Isaak hatte keine Möglichkeit, für sich zu kämpfen, weil Abraham ihm nichts von seinen Plänen verriet.

Abraham sank in meiner Achtung von Stunde zu Stunde. Mag sein, dass sein Gott uns bisher durchs Leben geführt hatte. Mag sein, dass er uns geholfen und zur Seite gestanden hatte. Abraham hatte ihm viel zu verdanken. Aber um diesen Preis? Das eigene Kind schlachten? Das war grausam! Da hätte Abraham seinem Gott um der Menschlichkeit willen die Freundschaft kündigen sollen. Doch was konnte ich tun?

Ich wollte Abraham zwingen, die Karten offen auf den Tisch zu legen. Isaak sollte die Möglichkeit haben, sich zu wehren, um sein Leben zu kämpfen. Nicht mit seinen Fäusten – dafür war er natürlich zu klein. Nein, er sollte kämpfen mit seinen Kinderaugen, mit seinen Tränen und mit seinen Fragen.

Und so fragte ich Isaak, als wir einmal etwas abseits alleine gingen: ›Wir gehen wohl zu einem Brandopfer. Aber weißt du, was wir opfern werden? Wir haben gar kein Tier dabei außer dem Lastesel – und den kann man ja nicht opfern!‹

Wie ich es mir gedacht habe, ist Isaak kurz darauf zu seinem Vater gegangen und hat ihn genau das gefragt, was ich ihm in den Mund gelegt habe. Und Abraham, dieser Feigling, wich ihm aus; er meinte, dass Gott sich schon ein Opfer aussuchen werde. Und wieder dieses Schweigen, das ganz bedrückend auf uns allen lastete.

Abraham spürte wohl, dass ich ihm auf die Schliche gekommen war. Deshalb wollte er mich loswerden. Er ließ uns noch mehr Brennholz sammeln und meinte dann, er wolle nun mit Isaak allein auf den Berg gehen, um Gott anzubeten. Ich und der Bursche sollten derweil auf den Esel aufpassen.

Ein Knecht hat ja nichts zu sagen und nichts zu fragen oder zu widersprechen, aber logisch war mir seine Anweisung nicht. Der Esel hätte gut das Holz bis nach oben tragen können, und wir hätten helfen können, einen Altar zu bauen. Stattdessen musste Isaak nun auch noch selbst das Holz auf seinem Rücken tragen, während sein Vater das Messer und das Feuer trug.

Ich merkte, dass Abraham zu allem fest entschlossen war. Ich konnte mir nicht vorstellen, dass sein Gott den Tod dieses unschuldigen Kindes wollte. Auch, wenn Abraham mein Herr war: Hier konnte er sich nur irren. Ein Gott, der Menschenopfer will? Ein Gott, der Freude daran hat, die Zukunft zu zerstören? Wenn Abraham später zur Besinnung kommen würde, dann wäre sein Leben zertrümmert und Sarahs auch. Mit solch einem Opfer konnte kein Segen auf die Familie kommen.

Ich schlich mich hinterher. Zum Glück wuchsen genug Büsche dort auf dem Berg, so dass ich unentdeckt blieb. Ich konnte beobachten, wie die beiden den Altar bauten; wie Isaak dann arglos zu seinem Vater gelaufen kam, als der ihn rief. Als Abraham dann seinen Sohn fesselte und ihn auf den Holzhaufen legte und das Messer hob, gab es keinen Zweifel mehr. Ich stürzte hin und riss ihm das Messer fort. Ich hörte mich sagen: ›Dass Gott dein Leben bestimmen soll, ist gut. Dass du ihm auch in den schwersten Augenblicken deines Lebens vertraust – selbst dann, wenn du ihn nicht begreifst: All das ist wunderbar. Aber dieser Gott, der dich und uns begleitet, der ist ein Gott des Lebens. Er will keine unmenschlichen Menschenopfer. Er freut sich nicht daran, wenn er dich und deine Familie zerstört. Dieser Gott muss nicht gnädig gestimmt werden mit Lieblosigkeit und Grausamkeit. Wenn du ihm deinen Dank zeigen willst, dann nimm ein Tier und schlachte es! Lege es auf das Feuer und brate es! Teile es und iss es mit anderen zusammen. Unser Gott ist ein menschenfreundlicher Gott, keiner, der seine Spiele mit uns treibt.‹

Ehrlich gesagt wunderte ich mich selbst über meinen Mut, so mit Abraham zu reden und ihm in den Arm zu fallen. Erstaunt stellte ich fest, dass sein Gott inzwischen auch zu meinem Gott geworden war. Und ich spürte genau, dass ich im Namen dieses Gottes sprach«, meint Eliéser, als er am Feuer diese Geschichte aus seinem Leben erzählt. »Da war ich sein Bote. Und als ob Gott meine Worte bestätigen wollte, fanden wir im Gestrüpp einen Schafbock, der sich mit seinen Hörnern verheddert hatte. Den schlachteten wir, legten ihn aufs Feuer, aßen davon, brachten dem Burschen noch Fleisch mit und zogen wieder nach Hause.

Wir haben noch viel darüber gesprochen, ob Gott unsere Opfer braucht. Ob er uns krank werden lässt und Kinder oder junge Mütter sterben lässt. Ob er uns unser Unglück schickt und sich daran freut. Ob er uns mit alldem auf die Probe stellen will. Wir haben überlegt, ob Gott straft, wenn wir Fehler machen und sie nicht wieder ausgleichen. Wir sind zu dem Schluss gekommen, dass das nicht seine Art ist. Gott will kein Unglück. Eher tut es ihm selbst weh. Oft tun sich die Menschen gegenseitig etwas Fürchterliches an – angeblich in Gottes Namen. Aber das tun sie, weil sie ihn falsch verstanden haben oder falsch verstehen wollen. Sie benutzen und missbrauchen Gott für ihre eigenen Zwecke. Und Gott kann oder will nichts dagegen tun. Aber manchmal sucht er sich einen Menschen, der zu seinem Boten, zu seinem Engel wird. So war ich eben auch einmal für einen Augenblick ein Engel, ein Bote Gottes.«

Der vergiftete Biss
4. Mose 21. 4-9

4 Da brachen sie auf von dem Berge Hor in Richtung auf das Schilfmeer, um das Land der Edomiter zu umgehen. Und das Volk wurde verdrossen auf dem Wege
5 und redete wider Gott und wider Mose: »Warum hast du uns aus Ägypten geführt, dass wir sterben in der Wüste? Denn es ist kein Brot noch Wasser hier, und uns ekelt vor dieser mageren Speise.«
6 Da sandte der HERR feurige Schlangen unter das Volk; die bissen das Volk, dass viele aus Israel starben.
7 Da kamen sie zu Mose und sprachen: »Wir haben gesündigt, dass wir wider den HERRN und wider dich geredet haben. Bitte den HERRN, dass er die Schlangen von uns nehme.« Und Mose bat für das Volk.
8 Da sprach der HERR zu Mose: »Mache dir eine eherne Schlange und richte sie an einer Stange hoch auf. Wer gebissen ist und sieht sie an, der soll leben.«
9 Da machte Mose eine eherne Schlange und richtete sie hoch auf. Und wenn jemanden eine Schlange biss, so sah er die eherne Schlange an und blieb leben.

»Was hast du da an deinem Bein?«, fragt Lea ihre Großmutter.
»Oh, das habe ich schon lange. Da hat mich eine Schlange gebissen.«
»Eine Giftschlange?« »Ja, eine Giftschlange.« »Und du lebst noch?« »Ja; soll ich dir die Geschichte erzählen?«
»Oh ja!« Lea hat schon viele Geschichten von ihr gehört: Wie Großmutter früher einmal in Ägypten gelebt hat; wie sie mit ihrem Stamm von dort mit Mose geflohen ist; wie sie durch das Rote Meer gegangen ist. Großmutter hat ihr Geschichten von der langen, langen Wanderung durch die große Wüste erzählt, bis sie endlich hier im gelobten Land ihre neue Heimat gefunden hat. Jetzt will Lea wieder eine neue Geschichte hören. Großmutter nimmt sie auf ihren Schoß und beginnt:

»Du weißt ja, Lea: Mein Weg durch die große Wüste, das ist zugleich auch der Weg durch mein Leben. Ich habe es früher nie leicht gehabt. Oft wusste ich nicht, wie es weitergehen sollte. Nie wusste ich, was der nächste Tag bringen würde. Oft verlor ich die Geduld und wollte nicht mehr weiter. Ich war oft verzweifelt und schimpfte auf Mose, der uns eine gute Zukunft versprochen hatte und uns dann auf eine Wanderung schickte, die nie zu enden schien. Ich schimpfte auf Gott, der uns in die Wüste geschickt hatte. Täglich hatten wir dort Angst um unser Leben.
Es fehlte an ordentlichem Essen; es fehlte an Wasser. Es drohten ungeahnte Gefahren in dieser unwirtlichen Gegend.
Eines Tages war die Stimmung bei uns allen wieder einmal besonders schlecht. Wir machten Mose Vorwürfe: ›Warum hast du uns hierher geführt? Wären wir doch geblieben, wo wir waren! Wir sind die Wüste gründlich leid. Wir wollen weg von hier. Egal, wohin – und wenn es zurück ist. Das verheißene Land ist uns egal. Gott hilft uns ja auch nicht.‹«
»Warum wart ihr denn so ungeduldig?«, fragt Lea.
»Erinnerst du dich?«, fragt Großmutter zurück, »erinnerst du dich, wie es war, als du neulich krank warst und im Bett bleiben solltest? Da hast du nach ein paar Tagen auch die Geduld verloren und wolltest nur noch eins: Aufstehen und raus! So ein Krankenbett kann ja auch so was wie eine Wüste sein: Du musstest auf Vieles verzichten. Dir tat was weh. Manchmal hattest du auch Angst. Du hast auch gefragt: ›Warum muss denn gerade ich hier liegen?‹ Du warst wütend auf alle, die sagten: ›Du musst noch liegen bleiben.‹ Und dann bist du ja einfach aufgestanden, weil du keine Geduld mehr hattest.«
»Das ist mir aber nicht gut bekommen. Dadurch wurde alles nur schlimmer.«
»Ja. Auch wir sind in der Wüste einfach fortgelaufen; auch bei uns wurde es dadurch noch schlimmer. Wir kamen nämlich in ein Gebiet, wo es viele Schlangen gab. Viele von uns wurden gebissen und starben; ich glaube, sie starben auch, weil sie sich schon aufgegeben hatten. Sie hatten keine Kraft mehr zum Kämpfen. Sie glaubten nicht mehr, dass sie jemals da ankommen würden, wo sie hinwollten.«
»Und wie kommt es, dass du den Schlangenbiss überlebt hast?« »Als wir in Not waren, haben wir zu Gott gebetet. Und dann hat Mose auf Gottes Befehl eine Schlange aus Bronze gemacht. Die hat er auf einem langen Stock aufgestellt; und wer die Schlange anschaute, überlebte den Schlangenbiss.«
»Wie funktionierte das denn?« Lea ist sehr erstaunt.

»Zum Einen sicherlich deshalb, weil Gott es so bestimmt hatte. Wer da hinschaute, zeigte damit, dass er Gott vertraute. Aber es kam wohl noch etwas anderes dazu: Wer dort seinen Halt suchte, der hatte sich entschlossen, um sein Leben zu kämpfen. Die anderen krochen in sich zusammen und ließen alles über sich ergehen; also auch das Sterben. Aber wer nicht aufgeben wollte, schaute nach oben.«

»Großmutter, warum hat Mose denn gerade eine Schlange aufgestellt? Das muss doch schrecklich gewesen sein, gerade dieses Tier anzuschauen, vor dem du so große Angst hattest!«

»Ja, das war auch schwer, sie anzuschauen. Und doch war es genau richtig. Heute mache ich das übrigens immer so: Wenn ich vor etwas Angst habe, dann stecke ich den Kopf nicht in den Sand und schaue nicht weg, sondern ich sehe mir mein Problem an. Ich versuche, es möglichst genau kennenzulernen. So kann ich viel besser dagegen ankämpfen, als wenn ich nur versuche, davor wegzulaufen. Wenn ich das Problem anschaue, dann habe ich es vor mir. Wenn ich weglaufe, dann ist es mir immer im Rücken; meine Angst wird dann noch größer, und ich bin ihm wehrlos ausgeliefert.

Mose hat damals die Schlange aufgestellt, damit wir unsere eigenen Kräfte sammeln und sie dem Gift entgegenstellen konnten.«

Lea ist ganz nachdenklich geworden: »Wenn ich über meine Probleme nachdenke und darüber spreche, dann kann ich wohl besser damit fertig werden als wenn ich so tue, als gäbe es diese Probleme nicht.

Aber eine Frage habe ich doch noch: Du hast mir doch mal von dem goldenen Kalb erzählt. Als Mose auf dem Berg war und von Gott die Gebote bekommen hat, da habt ihr doch alle euren goldenen Schmuck zusammengelegt, ihn eingeschmolzen und daraus ein goldenes Kalb gemacht. Da wurden Gott und Mose sehr böse. Ist das mit der bronzenen Schlange nicht fast das Gleiche?«

»Das ist eine gute Frage«, meint Großmutter. »Aber ich will dir den Unterschied erklären. Mit dem goldenen Kalb wollten wir uns einen eigenen Gott machen, weil unser Gott nicht zu sehen ist und weil wir mitunter meinten, er sei gar nicht da. Mit dem goldenen Kalb wollten wir einen Gott haben, den wir sehen konnten. In Ägypten, wo wir vorher gelebt hatten, verehrten die Menschen auch eine Göttin mit dem Namen Hathor, die den Kopf einer Kuh hatte. So bastelten wir uns also selbst einen jungen Gott, der wertvoll, stark und unvergänglich wirkte. Aber dieses goldene Kalb hatte keine Kraft, um uns zu schützen und uns sicher durch die Wüste zu führen. Wir tanzten um einen schönen Traum herum. Mit der Wirklichkeit hatte dieser selbst gebastelte Gott nichts zu tun. Und den wahren, unsichtbaren Gott hatten wir damit in die Ecke geräumt.

Bei der Schlange war das anders. Das war kein Gott, sondern ein Bild für die schreckliche Wirklichkeit, in der wir lebten. Gott hatte uns dieses Bild gegeben, damit wir uns unseren Lebensproblemen stellen konnten. Damals hatte diese Schlange einen guten Sinn.

Aber ich habe gehört, dass jemand die bronzene Schlange damals mitgenommen hat; und jetzt hat man ihr einen Tempel gebaut und verehrt sie als Gott der Heilkunst. Das ist traurig, denn dafür hat Gott sie uns nicht gegeben. Vielleicht sind die Menschen so: In der Not wenden sie sich an Gott und beten um ein Wunder; und wenn er ihnen geholfen hat, dann suchen sie sich andere Erklärungen für die wunderbare Hilfe; und Gott schieben sie dann wieder beiseite.«

»Das kenne ich von mir auch«, stimmt Lea etwas kleinlaut zu. »Manchmal bete ich, dass Gott mir helfen soll, weil ich nicht mehr weiter weiß; und wenn ich dann aus dem Schlamassel raus bin, dann denke ich, dass ich das selbst geschafft habe. Vielleicht liegt das daran, dass Gott nicht mit Blitz und Donner hilft, sondern so, dass wir es oft nicht unbedingt merken, dass er es war.«

»Ja, daran liegt es wohl auch. Für Gottes Wunder lassen sich meistens auch ganz natürliche Erklärungen finden. Vielleicht wollen wir aber Vieles auch deshalb nicht als Wunder sehen, weil wir am liebsten selbst den lieben Gott spielen. Wer möchte nicht gern selbst groß und stark sein? Wenn da ein Gott ist, der viel größer und stärker ist als wir selbst, dann kommen wir uns zu klein vor. Deshalb kann es ganz leicht passieren, dass wir Gott einfach absetzen. Es scheint dann, als seien wir selbst die Größten. Das ist zwar Unsinn, aber es erscheint trotzdem logisch.«

»Großmutter, ich glaube, ich werde auch zu Gott beten, wenn ich nicht gerade in großer Not bin. Ich kann ihm ja auch mal einfach meinen Tag erzählen und mich für Manches bedanken.«

»Ja«, schließt Großmutter. »Das freut mich, dass du meine Geschichte so verstanden hast.«

Vom hohen Ross herabsteigen – habe ich das nötig?
2. Könige 5

1 Naaman, der Heerführer des Königs von Syrien, war an Aussatz erkrankt. Er war ein tapferer Soldat, und der König hielt große Stücke auf ihn, weil der HERR durch ihn den Syrern zum Sieg verholfen hatte.

2 In seinem Haus befand sich ein junges Mädchen, das von syrischen Kriegsleuten bei einem Streifzug aus Israel geraubt worden war. Sie war Dienerin bei seiner Frau geworden.

3 Einmal sagte sie zu ihrer Herrin: »*Wenn mein Herr doch zu dem Propheten gehen könnte, der in Samaria lebt! Der würde ihn von seiner Krankheit heilen.*«

4 Naaman ging zum König und berichtete ihm, was das Mädchen gesagt hatte.

5 »*Geh doch hin*«, *antwortete der König,* »*ich werde dir einen Brief an den König von Israel mitgeben.*«
Naaman machte sich auf den Weg. Er nahm 7 Zentner Silber, eineinhalb Zentner Gold und zehn Festgewänder mit.

6 Er überreichte dem König von Israel den Brief, in dem es hieß: »*Ich bitte dich, meinen Diener Naaman freundlich aufzunehmen und von seinem Aussatz zu heilen.*«

7 Als der König den Brief gelesen hatte, zerriss er sein Gewand und rief: »*Ich bin doch nicht Gott! Er allein hat Macht über Tod und Leben! Der König von Syrien verlangt von mir, dass ich einen Menschen von seinem Aussatz heile. Da sieht doch jeder: Er sucht nur einen Vorwand, um Krieg anzufangen!*«

8 Als Elischa, der Mann Gottes, davon hörte, ließ er dem König sagen: »*Warum hast du dein Gewand zerrissen? Schick den Mann zu mir! Dann wird er erfahren, dass es in Israel einen Propheten gibt!*«

9 Naaman fuhr mit all seinen pferdebespannten Wagen hin und hielt vor Elischas Haus.

10 Der Prophet schickte einen Boten hinaus und ließ ihm sagen: »*Fahre an den Jordan und tauche siebenmal darin unter! Dann bist du von deinem Aussatz geheilt.*«

11 Naaman war empört und sagte: »*Ich hatte gedacht, er würde zu mir herauskommen und sich vor mich hinstellen, und dann würde er den HERRN, seinen Gott, beim Namen rufen und dabei seine Hand über der kranken Stelle hin- und herbewegen und mich so von meinem Aussatz heilen.*

12 Ist das Wasser des Abana und des Parpar, der Flüsse von Damaskus, nicht besser als alle Gewässer Israels? Dann hätte ich ja auch in ihnen baden können, um geheilt zu werden!«
Voll Zorn wollte er nach Hause zurückfahren.

13 Aber seine Diener redeten ihm zu und sagten: »*Herr, bedenke doch: Wenn der Prophet etwas Schwieriges von dir verlangt hätte, hättest du es bestimmt getan. Aber* nun hat er nur gesagt: ›Bade dich, und du wirst gesund!‹ Solltest du es da nicht erst recht tun?«

14 Naaman ließ sich umstimmen, fuhr zum Jordan hinab und tauchte siebenmal in seinem Wasser unter, wie der Mann Gottes es befohlen hatte. Da wurde er völlig gesund, und seine Haut wurde wieder so rein wie die eines Kindes.

15 Mit seinem ganzen Gefolge kehrte er zu Elischa zurück, trat vor ihn und sagte: »Jetzt weiß ich, dass der Gott Israels der einzige Gott ist auf der ganzen Erde. Nimm darum von mir ein kleines Dankgeschenk an!«

16 Aber Elischa erwiderte: »So gewiss der HERR lebt, dem ich diene: Ich nehme nichts an.« So sehr Naaman ihm auch zuredete, Elischa blieb bei seiner Ablehnung.

17 Schließlich sagte Naaman: »Wenn du schon mein Geschenk nicht annimmst, dann lass mich wenigstens so viel Erde von hier mitnehmen, wie zwei Maultiere tragen können. Denn ich will in Zukunft keinem anderen Gott mehr Brand- oder Mahlopfer darbringen, nur noch dem HERRN.

18 In einem Punkt jedoch möge der HERR Nachsicht mit mir haben: Wenn mein König zum Tempel seines Gottes Rimmon geht, um zu beten, muss ich ihn mit dem Arm stützen und mich zugleich mit ihm niederwerfen – der HERR möge es mir verzeihen!«

19a Elischa sagte: »Kehre heim in Frieden!«

Wenn Naaman mit seinen Freunden zusammensitzt, erzählt er immer wieder einmal von seiner Geschichte:

»Ihr wisst, wie erfolgreich ich war vor der großen Krise meines Lebens. Was ich anpackte, gelang mir. Ich hatte Kräfte ohne Ende, vor nichts Angst und traute mir alles zu. Meine Karriere ging steil aufwärts; ich erreichte alles, was ich mir vornahm. Beziehungen hatte ich bis in die höchsten Kreise hinein. Viele Menschen suchten meine Nähe, wollten meine Freunde sein. Viele redeten mir nach dem Mund, und keiner wollte mir widersprechen, weil ich einfach viel zu sagen hatte. Ich merkte gar nicht, wie ich mich durch diese Erfahrung im Lauf der Zeit verändert habe: Immer selbstverständlicher wurde es für mich, dass ich im Mittelpunkt stand und andere das taten, was ich wollte. Unwichtige Leute interessierten mich nicht. Wer in meiner Nähe sein wollte, musste schon etwas zu bieten haben. Über mir stand nur der König von Syrien. Und auch der wusste, dass er ohne mich aufgeschmissen war.

Als ich so krank wurde, änderte sich plötzlich wirklich alles. Nun gehörte ich zu denen, mit denen ich selbst nie etwas zu tun haben wollte. Meine hohe Stellung hätte mir jetzt nicht mehr lange weitergeholfen. Man hätte mich fallen lassen wie eine heiße Kartoffel, weil meine Krankheit ansteckend war und als Gottesstrafe angesehen wurde. Ich hätte außerhalb der Gesellschaft leben müssen und keinen Kontakt mit den Gesunden mehr haben dürfen.

Ich blieb erst einmal zu Hause, damit es niemand mitbekommen konnte. Könnt ihr euch vorstellen, welche Gedanken mir in diesen Tagen durch den Kopf gingen? In schlaflosen Nächten malte ich mir aus, wie es ist, von heute auf morgen am Ende der Karriere zu sein; Ansehen und soziale Stellung zu verlieren; alle Freunde zu verlieren; in der Bedeutungslosigkeit zu versinken; das eigene Haus verlassen zu müssen; die Aussicht, durch die Krankheit entstellt zu werden und schwach zu sein. Meine ganze Existenz stand auf dem Spiel.

Ich kannte mich von einem Tag auf den anderen selbst nicht wieder; ich war nicht mehr der, der ich doch immer gewesen war. Selbst meine Familie bekam Angst vor mir und vermied jeden Körperkontakt.

Es war eine Frage der Zeit, wie lange meine Frau zu mir halten würde. Sie war ja auch verwöhnt durch einen höchst erfolgreichen Ehemann und war selbst gern die große Dame. Würde sie noch bei mir bleiben wollen, wenn ich hässlich, arm und bedeutungslos wäre? Und selbst, wenn sie es wollte: Es war aus polizeilichen Gründen gar nicht erlaubt, weiter zusammenzuleben.

Ich war völlig verzweifelt und wusste nicht, wie es weitergehen sollte.
Was mich erstaunt hat, war unser Hausmädchen. Sie war nicht freiwillig
bei uns. Unsere Soldaten hatten sie einfach aus ihrem Land verschleppt.
Wahrscheinlich hatten sie erst einmal ihre Lust an ihr ausgetobt.
Dieses Mädchen machte sich Gedanken um mich, obwohl ich doch eigentlich zu ihren Feinden gehörte. Sie wollte mir helfen, obwohl sie sich
doch durchaus hätte sagen können: ›Geschieht ihm recht, dass er nun
krank geworden ist!‹ Aber nein, sie erzählte meiner Frau von einem
Mann Gottes in ihrem Heimatland, der schon öfters Menschen geholfen
hatte. Sogar einen toten Jungen sollte er auferweckt haben.
Als meine Frau mit dieser Geschichte zu mir kam, überlegten wir hin
und her, wie ich an diesen Gottesmann herankommen sollte. Er gehörte
zum Volk unserer Feinde. Ich selbst hatte an höchst verantwortlicher
Stelle gegen sie gekämpft. Man würde mich dort wohl nicht gerade willkommen heißen. Aber ich hatte ja gute Verbindungen zu meinem König,
der mir auch gleich diplomatische Unterstützung mit seinem Brief an-
bot. Er schrieb: ›Ich bitte dich, meinen Diener Naaman freundlich aufzunehmen und von seinem Aussatz zu heilen.‹
Das Geld und die Geschenke waren ein wirklich königliches Vermögen.
Ohne meine Gesundheit wäre mein Leben nach kurzer Zeit ruiniert gewesen. Da wollte ich sie mir schon mit aller Macht zurückkaufen. Und
um den Mann eines fremden Gottes und in einem feindlichen Land gnädig zu stimmen, musste ich wohl wirklich etwas Wertvolles investieren.
Als ich mit meinen Kutschen und der großen Dienerschar am Königs-
hof von Samaria ankam, erregte ich ziemlich großes Aufsehen. Ich wollte ja gerne Eindruck machen, damit man mich auch wichtig nahm. Ich
war es gewohnt, mich immer gleich in der obersten Etage anzumelden
und mich nicht mit dem gewöhnlichen Volk abzugeben. Schließlich war
ich der oberste Befehlshaber meines Landesheeres.
Dass der König von Israel sehr wütend wurde, als er den Brief las, kann
ich sogar nachvollziehen, denn wer lässt sich schon gern die Grenzen
seiner eigenen Macht vor Augen führen? Welcher Machtmensch, der nur
Zustimmung und Umjubelung gewöhnt ist, will an das erinnert werden,
was er nicht kann?
Ich konnte auch verstehen, dass er Angst vor mir und meiner anstecken-
den Krankheit hatte und dass er mich so schnell wie möglich los sein
wollte. Vielleicht dachte er auch, dass ich in seinen Palast gekommen sei,
um ihn ganz bewusst mit meiner Krankheit anzustecken. Dass mich ein

Mensch heilen könne, hielt selbst er als mächtigster Mann seines Volkes für ausgeschlossen.

Glücklicherweise hatte sich mein Besuch so in der Stadt herumgesprochen, dass auch der Gottesmann Elischa davon erfuhr, von dem unsere Haussklavin gesprochen hatte. Als er mich durch die Palastwachen zu sich rufen ließ, war es etwas schwierig, durch die engen Gassen zu seinem Haus zu kommen. Die Wege waren nicht für große Pferdewagen angelegt.

Die Leute, die hier wohnten, hatten entweder einen Esel, vielleicht einen kleinen Karren dazu, oder sie gingen zu Fuß. Das Haus, zu dem wir gebracht wurden, war dann auch eher bescheiden. Aber ich ließ mich dazu herab, hier in dieses Viertel zu fahren, weil dieser Mann Gottes eben ein guter Heiler sein sollte.

Als wir dann schließlich mit allen Wagen vor seinem Haus standen, tat sich nichts. Wir warteten. Dann ließ ich ankündigen, dass ich da sei. Nötig fand ich das eigentlich nicht, denn das Pferdetrappeln und das Rumpeln der Räder war schließlich laut genug gewesen. Und eine laute Kinderschar hatte uns neugierig begleitet.

Wer nicht herauskam, war Elischa, der Prophet und Mann Gottes. Er ließ mich einfach da stehen, als sei ich ein Nichts und Niemand. Er ließ sich nicht von meinen Reichtümern beeindrucken und schaute sie sich nicht einmal an!

Könnt ihr euch vorstellen, wie wütend ich wurde, als schließlich ein Bote herauskam und meinte, ich solle mich im Fluss Jordan baden? Das war ja wohl die Höhe: Ich war mit viel – mit sehr viel Geld dahin gekommen, und er machte nichts. Gar nichts! Er kam nicht heraus, er sprach nicht mit mir, er erkundigte sich nicht nach meiner Krankheit und schaute sich meinen Körper nicht an. Er behandelte mich wie irgendeinen dahergelaufenen Bettler! Ich sollte mich baden – als ob ich das nicht schon tausendmal getan hätte! Was sollte das denn helfen?

Ihr wisst, wie klar und kühl unsere Flüsse hier in Damaskus sind. Der Jordan dagegen ist trüb und lauwarm.

Ich dachte: ›Wahrscheinlich will er mich nur demütigen und wegschicken. Wenn ich erst am Jordan bin, und das Bad hilft nicht, dann werde ich wohl nicht extra wieder zurückfahren in die Stadt, um mich zu beschweren. Und Elischa ist fein heraus: Niemand in Samaria bekommt dann mit, ob er mir geholfen hat oder nicht. Nein! So springt der nicht mit mir um! Mit mir nicht!‹, habe ich mir gesagt.

Dann habe ich erstmal seinen Diener so lautstark zur Schnecke gemacht, dass Elischa das durchs offene Fenster hören musste. Ich habe ihm deutlich zu verstehen gegeben, was ich erwartet hatte, und dann habe ich mich wütend auf meinen Wagen geschwungen und habe dem Pferd die Peitsche gegeben. So was Billiges wie ›im Jordan baden‹ wollte ich auf keinen Fall. So erniedrigend hatte mich noch niemand behandelt!

Als wir eine Weile unterwegs waren und in die Nähe des Jordans kamen, war meine Erregung etwas abgeflaut.

Meine Diener begannen, auf mich einzureden: ›Du verlierst doch nichts, wenn du es einfach mal probierst. Wenn dieser Elischa etwas Schwieriges verlangt hätte, hättest du das doch ganz bestimmt versucht. Es kostet uns doch nur zehn Minuten, und die Pferde können dabei saufen und ausruhen; und erfrischend ist so ein Bad doch auch!‹ Als sie nicht aufhörten, war ich zwar nicht überzeugt, aber ich wollte einfach meine Ruhe haben. Also zog ich mich aus und tauchte siebenmal unter im Wasser des Jordans. Und das heilte mich tatsächlich!

Zunächst freute ich mich natürlich wie ein Kind. Freudentränen liefen mir herunter. Und dann ließ ich die Pferde wieder anschirren, um zurückzufahren zu Elischa.

Unterwegs war ich sehr nachdenklich und ließ mir alles noch einmal durch den Kopf gehen: ›Gibt es einen Grund, weshalb ich gerade auf diese unspektakuläre Weise meine Heilung gefunden habe? Soll ich vielleicht etwas daraus lernen?‹ Um besser nachdenken zu können, stieg ich von meinem Wagen und lief ein Stück zu Fuß.

Und dann kamen mir die Einsichten Schlag auf Schlag: ›Vielleicht soll ich von meinem hohen Ross herunterkommen und mich in die Gemeinschaft einfügen. Nicht auf meine Macht und auf meinen Reichtum pochen und meinen, dass alle für mich springen müssen. Ich soll wohl lernen, dass ich ein ganz normaler Mensch bin, der nicht mehr und nicht weniger wert ist als jeder andere auch. Deshalb sollte ich das Warten lernen. Deshalb sollte ich mit seinem Diener sprechen.

Wann habe ich vorher schon mal mit Dienern gesprochen und ihnen zugehört? Nicht mal mit unserem Hausmädchen habe ich selbst gesprochen, die von diesem Elischa gewusst und uns diesen Rat gegeben hat. Nur meine Frau hat ihr zugehört. Ich habe immer nur erwartet, dass man mir zuhört und auf mich hört.

Dieser Elischa hat mich spüren lassen, dass mein Erfolg und mein Reichtum mich nicht wertvoller und wichtiger machen. Es ist ja gar nicht so, dass er mir nicht helfen wollte, wie ich erst gedacht habe. Aber ich sollte wohl nicht nur körperlich geheilt werden, sondern auch gemeinschaftsfähig werden.

Ach, deshalb sollte ich wohl auch baden! All meine teuren Kleider ablegen und ein nackter, einfacher Mensch sein wie alle anderen.

Und vielleicht wollte er auch, dass in meinem nackten Zustand alle meine Krankheit sehen konnten? Ja, das wird es sein: Ich sollte lernen, zu meiner Krankheit zu stehen und sie nicht zu verstecken.

Gar nicht so dumm, dieser Mann! Oder hat das mit seinem Gott zu tun? Elischa soll ja ein Prophet Gottes, sein. Das würde dann bedeuten: Nicht nur Elischa, sondern sein Gott will mir sagen, dass alle Menschen den gleichen Wert haben – egal, ob reich oder arm; ob mächtig oder unbekannt; ob erfolgreich, stark und gesund oder schwach und krank.

Und jetzt geht mir erst einmal auf, wie bescheiden dieser Prophet ist: Ganz bewusst hat er kein Brimborium gemacht und keine Zaubersprüche gemurmelt. Er hat keine Amulette und keine geheimnisvollen Getränke benutzt und keine eindrucksvollen Riten vollzogen, sondern ist ganz bescheiden im Hintergrund geblieben. Ich sollte wohl erkennen, dass nicht er mich geheilt hat, sondern allein sein Gott. Ja, nicht er hat mich geheilt, sondern sein Gott.‹

Als wir wieder in Samaria angekommen sind, habe ich nicht wieder darauf gewartet, dass er zu mir herauskommt. Ich bin abgestiegen und habe mich gebückt, um durch die niedrige Tür seines Hauses zu gehen. Ich habe ihm von meinen Gedanken unterwegs über ihn und seinen Gott erzählt.

Dass er meine Geschenke abgelehnt hat, hat mich sehr beeindruckt. Und dann seine Begründung: Er sei nur ein Diener Gottes; und nicht er habe mich geheilt, sondern Gott. Er wolle sich auch nicht mit Besitz belasten, sondern seinen Kopf frei halten für die Aufgabe, die Gott ihm gegeben habe. Ich konnte reden, soviel ich wollte. Er meinte es ernst damit.

Dann habe auch ich es begriffen: Ich sollte nicht Elischa bewundern. Stattdessen sollte ich seinem Gott danken, ihn ehren statt unsere syrischen Götter. Der hiesige Gott Rimmon ist ja als ›Brüller‹ oder ›Donnerer‹ bekannt. Das ist einer, bei dem es nur auf Stärke und Macht ankommt, der alles niederbrüllt. Der verkörpert die Werte, die ich früher gehabt habe. Aber nun wollte ich den Gott Elischas verehren, für den alle Menschen wertvoll sind und der nicht auf der Seite der Gewalttätigen steht.

Deshalb bat ich Elischa um etwas Erde aus dem Heimatland seines Gottes. Wie ihr wisst, habe ich die Erde hier ausgestreut und einen Altar darauf gebaut. Sein Gott soll sich auch bei mir zu Hause fühlen, und nur ihm will ich dienen. Nur vor ihm will ich mich im Gebet niederwerfen.

Vor Gott niederwerfen – gleich fiel es mir damals siedend heiß wieder ein: Als ranghöchster Heerführer muss ich meinen Herrn und König oft zum Tempel Rimmons begleiten. Ich muss den König halten, wenn er sich zum Gebet auf den Boden wirft, und ich muss ihm danach wieder auf die Beine helfen. Das geht nicht, ohne dass ich selbst mich verbeuge. Das sieht so aus, als würde ich selbst auch Rimmon verehren, obwohl ich das gar nicht will.

Ich fragte Elischa, ob Gott dadurch nicht beleidigt sei. Aber der sagte nur: ›Zieh hin in Frieden und mach dir keinen Kopf darum. Gott weiß wohl zu unterscheiden zwischen den Äußerlichkeiten und der inneren Einstellung. Er schaut bis ins Herz hinein und weiß, was wir meinen. Und außerdem ist er nicht so eng und rachsüchtig, wie wir ihn uns manchmal ausmalen, sondern er ist barmherzig und begegnet uns in Liebe wie ein Vater oder eine Mutter.‹

Tja, das war wohl der wichtigste Tag in meinem Leben«, schließt Naaman seine Geschichte, »viel wichtiger als alle Siege und Erfolge davor und danach. Durch meine Krankheit und meine Heilung habe ich viel für mich gelernt. Viel mehr, als ich je hätte erfahren können, wenn ich immer gesund gewesen wäre.«

Die Kastanie
Psalm 71

1 HERR, ich traue auf dich, lass mich nimmermehr zuschanden werden.

2 Errette mich durch deine Gerechtigkeit und hilf mir heraus, neige deine Ohren zu mir und hilf mir!

3 Sei mir ein starker Hort, zu dem ich immer fliehen kann, der du zugesagt hast, mir zu helfen; denn du bist mein Fels und meine Burg.

5 Denn du bist meine Zuversicht, HERR, mein Gott, meine Hoffnung von meiner Jugend an.

6 Auf dich habe ich mich verlassen vom Mutterleib an; du hast mich aus meiner Mutter Leibe gezogen. Dich rühme ich immerdar.

7 Ich bin für viele wie ein Zeichen; aber du bist meine starke Zuversicht.

8 Lass meinen Mund deines Ruhmes und deines Preises voll sein täglich.

9 Verwirf mich nicht in meinem Alter, verlass mich nicht, wenn ich schwach werde.

10 Denn meine Feinde reden über mich, und die auf mich lauern, beraten sich miteinander

11 und sprechen: »Gott hat ihn verlassen; jagt ihm nach und ergreift ihn, denn da ist kein Erretter!«

12 Gott, sei nicht ferne von mir; mein Gott, eile, mir zu helfen!

14 Ich aber will immer harren und mehren all deinen Ruhm.

15 Mein Mund soll verkündigen deine Gerechtigkeit, täglich deine Wohltaten, die ich nicht zählen kann.

16 Ich gehe einher in der Kraft Gottes des HERRN; ich preise deine Gerechtigkeit allein.

17 Gott, du hast mich von Jugend auf gelehrt, und noch jetzt verkündige ich deine Wunder.

18 Auch im Alter, Gott, verlass mich nicht, und wenn ich grau werde, bis ich deine Macht verkündige Kindeskindern und deine Kraft allen, die noch kommen sollen.

19 Gott, deine Gerechtigkeit reicht bis zum Himmel; der du große Dinge tust, Gott, wer ist dir gleich?

20 Du lässest mich erfahren viele und große Angst und machst mich wieder lebendig und holst mich wieder herauf aus den Tiefen der Erde.

21 Du machst mich sehr groß und tröstest mich wieder.

22 So will auch ich dir danken mit Saitenspiel für deine Treue, mein Gott; ich will dir zur Harfe lobsingen, du Heiliger Israels.

Eine Kastanie, die ich vom Boden aufgehoben habe, erzählt mir ihre Geschichte:

»Ein paar Monate ist es erst her: Da war ich noch eine Blüte. Ich freute mich des Lebens; die Sonnenstrahlen sog ich in mich auf; ich genoss, wie die Hummeln und Bienen zu mir kamen und zärtlich zu mir waren. Schön war das!

Doch dann verblühte ich. Das war schlimm: Zu merken, wie die Blütenblätter verwelkten … und schließlich abfielen.

Und dann spürte ich zweierlei in mir: Einerseits wuchs in mir eine neue Kraft; aber gleichzeitig merkte ich, wie ich mich selbst einigelte. Ich wollte mich vor allem schützen; wurde stachelig und unzugänglich. Eigentlich ging es mir ja nicht schlecht: Ich wurde von meinem Kastanienbaum mit allem Nötigen versorgt; ich wuchs und gedieh. Aber hinter meinem stacheligen Panzer wurde ich immer einsamer.

Eines Tages spürte ich, wie mein Baum mich nicht mehr tragen wollte. Unheimliche Angst packte mich davor, in die Tiefe zu fallen. Ich versuchte mich noch anzuklammern; aber als es neulich etwas stürmischer zuging, nützte mir alles Festhalten nichts. Ich fiel; wie eine Ewigkeit kam mir dieser Moment vor. Und als ich dann hart aufschlug, platzte auch noch meine Schale. Ich lag total hilflos am Boden, und mein ganzer Schutz war fort. Ich dachte: ›Jetzt ist alles aus!‹

Aber nein: Da kommt jemand, hebt mich auf und schaut mich lächelnd an. Er sieht meinen Kern- ohne die schützende Schale- und freut sich, dass er mich gefunden hat. Streichelt über meine Maserung, die mich von allen anderen unterscheidet und freut sich; wärmt mich in seiner Hand; nimmt mich mit! Ach ja: Reif geworden bin ich durch all das Schöne und Schwere im Laufe meines Lebens. Und wenn ich es recht bedenke: Warum soll ich nicht auch diesen Abschnitt genießen? Selbst wenn ich jetzt von der Hand eines anderen getragen werde? Da ist jemand, der mich gerne trägt. Obwohl ich ihm keinen direkten Nutzen bringe, freut sich jemand über mich; einfach, weil ich da bin; einfach, weil ich bin, wie ich bin.

Halt eine alte Kastanie wie viele; und doch anders als alle anderen.«

Wenn der Tod mir vor Augen steht ...
Jesaja 38.1-6; 21+22; 7-20

1 Zu der Zeit wurde Hiskia todkrank. Und der Prophet Jesaja, der Sohn des Amoz, kam zu ihm und sprach zu ihm: »So spricht der HERR: ›Bestelle dein Haus, denn du wirst sterben und nicht am Leben bleiben.‹«

2 Da wandte Hiskia sein Angesicht zur Wand und betete zum HERRN

3 und sprach: »Gedenke doch, HERR, wie ich vor dir in Treue und ungeteilten Herzens gewandelt bin und habe getan, was dir gefallen hat.« Und Hiskia weinte sehr.

4 Da geschah das Wort des HERRN zu Jesaja:

5 »Geh hin und sage Hiskia: ›So spricht der HERR, der Gott deines Vaters David: Ich habe dein Gebet gehört und deine Tränen gesehen. Siehe, ich will deinen Tagen noch fünfzehn Jahre zulegen

6 und will dich samt dieser Stadt erretten aus der Hand des Königs von Assyrien und will diese Stadt beschirmen.‹«

21 Und Jesaja sprach, man solle ein Pflaster von Feigen nehmen und auf sein Geschwür legen, dass er gesund würde.

22 Hiskia aber sprach: »Was ist das Zeichen, dass ich wieder zum Hause des HERRN hinaufgehen kann?«

7 »Und dies sei dir das Zeichen von dem HERRN, dass der HERR tun wird, was er zugesagt hat:

8 ›Siehe, ich will den Schatten an der Sonnenuhr des Ahas zehn Striche zurückziehen, über die er gelaufen ist.‹« Und die Sonne lief zehn Striche zurück an der Sonnenuhr, über die sie gelaufen war.

9 Dies ist das Lied Hiskias, des Königs von Juda, als er krank gewesen und von seiner Krankheit gesund geworden war:

10 »Ich sprach: ›Nun muss ich zu des Totenreiches Pforten fahren in der Mitte meines Lebens, da ich doch gedachte, noch länger zu leben.‹

11 Ich sprach: ›Nun werde ich den HERRN nicht mehr schauen im Lande der Lebendigen, nun werde ich die Menschen nicht mehr sehen mit denen, die auf der Welt sind.

12 Meine Hütte ist abgebrochen und über mir weggenommen wie eines Hirten Zelt. Zu Ende gewebt hab ich mein Leben wie ein Weber; er schneidet mich ab vom Faden. Tag und Nacht gibst du mich preis;

13 bis zum Morgen schreie ich um Hilfe; aber er zerbricht mir alle meine Knochen wie ein Löwe; Tag und Nacht gibst du mich preis.

14 Ich zwitschere wie eine Schwalbe und gurre wie eine Taube. Meine Augen sehen verlangend nach oben: ›Herr, ich leide Not, tritt für mich ein!‹

15 Was soll ich reden und was ihm sagen? Er hat's getan! Entflohen ist all mein Schlaf bei solcher Betrübnis meiner Seele.

16 Herr, lass mich wieder genesen und leben!«

17 »Siehe, um Trost war mir sehr bange. Du aber hast dich meiner Seele herzlich angenommen, dass sie nicht verdürbe; denn du wirfst alle meine Sünden hinter dich zurück.

18 Denn die Toten loben dich nicht, und der Tod rühmt dich nicht, und die in die Grube fahren, warten nicht auf deine Treue;

19 sondern allein, die da leben, loben dich so wie ich heute. Der Vater macht den Kindern deine Treue kund.

20 Der HERR hat mir geholfen, darum wollen wir singen und spielen, solange wir leben, im Hause des HERRN!«

Wir sind im Jahr 700 vor Christus. Ruben arbeitet als Kammerdiener im Hause des jüdischen Königs Hiskia. Er ist viel mit seinem Herrn zusammen. Er kennt ihn wie kaum ein anderer. Spät am Abend kommt Ruben heim zu seiner Frau Sarah. »Na, wie war dein Tag?«, fragt sie ihn.

»Wir waren heute im Tempel. Du weißt doch, wie krank Hiskia schon lange war. Heute hat er Gott ein Tier geopfert, weil er wieder gesund ist. Ich freue mich so sehr für ihn! In den letzten Tagen habe ich viel darüber nachgedacht, wie er mit seiner Krankheit umgegangen ist. Ich hab' mir immer überlegt, wie ich selbst wohl reagieren würde, wenn man mir sagen würde: ›Bereite dich auf dein Ende vor! Du wirst von diesem Krankenlager nicht mehr aufstehen.‹«

»Ich stelle mir das schrecklich vor, solch eine Nachricht zu bekommen«, meint Sarah. »Ich denke, dass er das zuerst einmal gar nicht begreifen und glauben konnte. Vor kurzem noch war er als König unglaublich erfolgreich gewesen. Gott hatte ihm geholfen, einen Angriff auf die Stadt Jerusalem abzuwehren. Und dann hieß es plötzlich, er sei todkrank? Das geht doch nicht! Was nicht sein darf, das kann auch nicht sein; nicht wahr?«

Ruben pflichtet ihr bei: »Ja, so schnell kann man das wohl auch nicht erkennen. Das würde man wahrscheinlich gar nicht aushalten. Wenn mir jemand eine so schlimme Nachricht überbrächte, würde ich erst mal denken: ›Was redet der da? Der muss jemand anders meinen! Das geht mich nichts an.‹ Ich würde neben mir selbst stehen oder gleich wieder vergessen, was man mir sagt. Oder ich würde mich wegdrehen und nicht mehr hinhören.«

»Ja, das hat Hiskia doch auch so gemacht. Er hat sich zur Wand gedreht.«

»Dass er sich zur Wand gedreht hat, zeigt sicherlich auch etwas von seiner Wut. Wenn ich mich abwende, heißt das ja auch: ›Ich will mit dieser ungerechten Welt nichts zu tun haben.‹ Ich frage wütend, warum es mich getroffen hat. Ich bin nicht einverstanden mit meinem Schicksal und stelle Gott zur Rede. Das Schicksal ist ungerecht, und vielleicht kann ich ihm das ja klar machen. Vielleicht sieht Gott ein, dass er den Falschen getroffen hat und nimmt alles zurück. Ich rechne ihm vor, was ich an Gutem getan habe. Da gibt es etliche, die diesen Schicksalsschlag eher verdient hätten. Nein, so schnell würde ich mich nicht geschlagen geben.«

Sarah kann das verstehen: »Ich würde wohl auch den Kampf aufnehmen: Mit der Krankheit, mit Gott und mit allem, was sich mir in den Weg stellt. All meine Kräfte würde ich mobilisieren, um die Krankheit zu besiegen. Und meine Wut ist auch eine Kraft, die ich dazu brauchen kann. Viele meinen ja, dass man auf Gott nicht wütend sein dürfe. Manche sagen, dass man alles gelassen aus seiner Hand nehmen müsse. Aber das kann ich nicht und das will ich auch nicht. Ich wehre mich. Und ich glaube, dass ich so den Krankheiten auch mehr entgegenzusetzen habe. Wenn Gott mir so etwas zumutet oder es zumindest zulässt, dann muss er eben damit fertig werden, dass ich schlecht auf ihn zu sprechen bin.«

Ruben erinnert sich weiter: »In den nächsten Tagen wurde dem Hiskia dann klar, was das Sterben für ihn bedeuten würde. Er dachte darüber nach, was ihm verloren gehen würde und welche Pläne unerfüllt blieben. Er spürte die Angst vor der Einsamkeit und fühlte sich gottverlassen. Er spürte seine Schmerzen, seine Schwäche und seine Ohnmacht. Damals wurde schon seine Stimme schwach. Er konnte nicht mehr laufen, und seine Augen waren müde. Er weinte viel. Er konnte nicht mehr wegdrängen, dass es ihn wirklich gepackt hatte. Verzweifelt hat er sich an den Gott gewandt, auf den er doch auch so wütend gewesen war. Er hat ihn um Hilfe gebeten. Seine Gebete haben sich verändert. Sie sind nicht mehr fordernd gewesen wie von einem, der sein Recht bekommen will. Nein, nun hat er Gott um Beistand angerufen.«

Nun ist Sarah in ihren Gedanken schon einen Schritt weitergegangen: »Und vor drei Tagen kam dann der Prophet Jesaja und sagte ihm, dass er doch noch 15 Jahre zu leben habe.«

»Ja, er hat ihm ein Feigenpflaster auf das Geschwür legen lassen und gesagt, dass Hiskia schon nach drei Tagen wieder zum Tempel gehen könne. Aber Hiskia hatte sich nun schon so sehr auf sein Ende eingestellt, dass er sich nicht gleich freuen konnte. Er wollte wohl nicht noch einmal so tief seelisch abstürzen. Deshalb wollte er erst einen Beweis für das Wunder haben, das ihm geschehen sollte.«

»Das war die Sache mit dem Schatten?«, fragt Sarah.

»Ja. Hiskias Vater hatte eine Treppe bauen lassen, die auch als Sonnenuhr benutzt wird. Man kann die Zeit daran ablesen, wie viele Stufen im Schatten liegen. Hiskia wollte, dass die Sonnenuhr rückwärts läuft. Er brauchte eine Versicherung, bevor er sich auf den neuen Gedanken der Heilung einlassen konnte. Es scheint geklappt zu haben – frag mich nicht, wie!«

»Das mit dem Feigenpflaster«, meint Sarah, »das kenne ich. Das hat mir auch schon mal bei einer Entzündung geholfen. Ob das bei Hiskia wirklich ein Wunder war?«

»Für ihn war es auf jeden Fall ein Wunder. Der hatte sich schon ziemlich abgeschrieben. Für mich ist das übrigens auch kein Gegensatz: Ich glaube, dass Gott seine Wunder ganz alltäglich auch durch Ärzte und durch ganz normale Medizin tut. Ob ich etwas als ein Wunder Gottes sehe, das hängt von meiner Einstellung ab – und nicht so sehr davon, ob es auch andere mögliche Erklärungen für das gibt, was mir geschehen ist.«

»Hat sich Hiskia eigentlich durch diese Ereignisse verändert?«, fragt Sarah.

»Ja, er freut sich mehr an dem, was er hat. Er hat gemerkt, wie wenig selbstverständlich alles ist. Er weiß zwar, welche Gefahren seiner Stadt in Zukunft drohen; aber er freut sich trotzdem an dem Frieden, der jetzt im Moment herrscht. Ich glaube, er hat gelernt, mehr in der Gegenwart zu leben und sie wahrzunehmen. Wie oft planen wir nur die Zukunft oder schwelgen in Erinnerungen! Und darüber vergessen wir fast den heutigen Tag, den es zu leben gilt. Hiskia hat gelernt, für jeden Tag dankbar zu sein.«

Sarah fallen immer mehr Fragen ein: »Wie das wohl ist, wenn man weiß, dass man noch 15 Jahre zu leben hat? Manche Ärzte geben ja an Kranke solche Auskünfte, wenn sie danach gefragt werden. Ich glaube nicht, dass ich das wissen möchte. Vor allem zum Ende hin wohl nicht. Kann denn wirklich jemand so genau die Zeit voraussagen? Was ist, wenn es ihm schon nach dreizehn Jahren schlecht geht? Dann fühlt er sich um zwei Jahre betrogen. Und wenn er nach 15 Jahren noch putzmunter ist, dann weiß er nicht mehr, was er soll auf dieser Welt. Seine Lebensplanung ist dann eigentlich abgelaufen. Nein, mir soll niemand sagen, wie lange ich noch zu leben habe – selbst, wenn es jemand zu wissen glaubt.« Nachdenkliches Schweigen breitet sich über den beiden aus.

»Ruben«, fragt Sarah schließlich leise, »Was wäre, wenn du oder ich todkrank würde – und Gott täte *nicht* ein solches Wunder wie bei Hiskia?«

Ruben seufzt; er legt den Arm um ihre Schulter. Eine ganze Weile denken sie beide nach. Schließlich meint er: »Ich weiß natürlich heute nicht sicher, wie wir das dann bewältigen würden. Heute stelle ich mir vor, dass ich Vieles genauso machen würde wie Hiskia.

Ich würde es zuerst nicht glauben oder begreifen können. Ich würde mich vielleicht erst einmal ins Schneckenhaus zurückziehen. Ich würde ›Warum gerade ich?‹ oder ›Warum gerade du?‹ fragen und wütend werden. Ich würde mit Gott ringen und ihn auffordern, das Schicksal wieder von uns zu nehmen. Natürlich würde ich erst einmal alles tun, um gegen die Krankheit zu kämpfen. Aber falls das nicht gelingen sollte, dann würde ich wohl versuchen, mit Gott zu verhandeln um einen Aufschub. Ich würde ihm Versprechungen machen, wenn er hilft. Dann würde ich wohl auch trauern und weinen um das, was uns verloren geht. Ich wünschte mir, dass wir das dann gemeinsam tun könnten. Das ist wohl besser, als wenn jeder einsam für sich allein damit fertig zu werden versucht.

Vielleicht gelingt es mir und dir eines Tages dann, das Schicksal anzunehmen. Dann könnten wir aus der verbleibenden Zeit noch etwas machen und uns das sagen, was noch wichtig ist. Wir könnten uns daran freuen, dass wir auch in schwieriger Zeit zusammenhalten und das erledigen, was noch ansteht.

Vielleicht gelingt es mir nach der Zeit der Wut auch wieder, nach Gottes Hand zu greifen. Es wäre gut, wenn wir uns das Vertrauen erhalten können, dass Gott uns auch im Tod Geborgenheit und Liebe schenkt. Da unterscheidet sich mein Glaube von dem des Hiskia. Ich glaube, dass Gott jenseits des Todes unsere Tränen trocknen wird, unsere Schmerzen auslöscht, die Unzulänglichkeiten und das Unglück dieses Lebens fortnehmen wird und uns glücklich sein lässt.«

»Ja, das ist auch meine Hoffnung«, meint Sarah, »auch, wenn der Abschied mir schwer fallen würde. Aber hör mal: Warum sollten wir erst in Zeiten einer schweren Krankheit anfangen, das zu tun, was uns wichtig ist? Warum genießen wir nicht schon den heutigen Tag so, als wäre es einer der letzten? Warum wollen wir uns nicht schon heute das sagen, was uns wichtig ist? Lass uns das Leben nicht auf morgen verschieben! So bekommt Hiskias Krankheit auch für uns beide einen Sinn!«

»Du hast Recht, Sarah! Ich liebe dich!«

Niemand darf wissen, wen ich liebe
Matthäus 8. 5-13

5 Als aber Jesus nach Kapernaum hineinging, trat ein Hauptmann zu ihm; der bat ihn

6 und sprach: »Herr, mein Knecht liegt zu Hause und ist gelähmt und leidet große Qualen.«

7 Jesus sprach zu ihm: »Ich will kommen und ihn gesund machen.«

8 Der Hauptmann antwortete und sprach: »Herr, ich bin nicht wert, dass du unter mein Dach gehst, sondern sprich nur ein Wort, so wird mein Knecht gesund.

9 Denn auch ich bin ein Mensch, der Obrigkeit untertan, und habe Soldaten unter mir; und wenn ich zu einem sage: ›Geh hin!‹, so geht er; und zu einem andern: ›Komm her!‹, so kommt er; und zu meinem Knecht: ›Tu das!‹, so tut er's.«

10 Als das Jesus hörte, wunderte er sich und sprach zu denen, die ihm nachfolgten: »Wahrlich, ich sage euch: Solchen Glauben habe ich in Israel bei keinem gefunden!

11 Aber ich sage euch: Viele werden kommen von Osten und von Westen und mit Abraham und Isaak und Jakob im Himmelreich zu Tisch sitzen;

12 aber die Kinder des Reichs werden hinausgestoßen in die Finsternis; da wird sein Heulen und Zähneklappern.«

13 Und Jesus sprach zu dem Hauptmann: »Geh hin; dir geschehe, wie du geglaubt hast. Und sein Knecht wurde gesund zu derselben Stunde.«

Vielleicht heißt er Antonius. Antonius hat es zu etwas gebracht. Als einfacher Soldat hat er angefangen im römischen Heer. Er hat immer gern zwischen Männern gelebt. Da kommt ihm der Beruf des Soldaten gerade recht. Frauen sind ihm nicht wichtig. Sie ziehen ihn nicht an. Antonius mag eigentlich nicht heiraten. Deshalb stürzt er sich voll in seinen Beruf. Er kämpft wie ein Löwe und setzt sich für seine Kameraden ein. Die Männer um ihn herum gründen im Laufe der Zeit ihre Familien. Antonius bleibt allein. Manche aus der Truppe hänseln ihn: »Na, kriegst du keine ab? Du scheinst ja sehr wählerisch zu sein! Wann heiratest du denn endlich?«

Diese Fragen sind ihm unangenehm. Die Wahrheit kann er nicht sagen: »Ihr seid meine Familie. Ich habe Sehnsucht nach einem guten Freund, mit dem ich alles teilen kann.« Nein, das kann er nicht sagen.

»Damit man mich in Ruhe lässt, muss ich mehr leisten als die anderen. Wenn ich gut bin, stellt man mir keine Fragen«, denkt Antonius. Er strengt sich noch mehr an. Er übernimmt jede Aufgabe, die man ihm anträgt. Er mag nicht »nein« sagen. Er versucht es jedem Recht zu machen. »Nur nicht anecken, damit mich niemand angreift!« Durch seine Leistungen steigt Antonius auf. Natürlich auch, weil er sich bemüht, mit allen zurecht zu kommen und weil er Vorgesetzten und Untergebenen freundlich begegnet.

Eines Tages entdeckt er Clemens. Der ist einfacher Soldat. Seine drahtige Figur und seine sprechenden Augen faszinieren Antonius auf Anhieb. Kaum kann er den Blick von ihm abwenden; und Clemens weicht seinem Blick nicht aus, sondern schaut zurück. Ein Flackern spielt um die Augen, ein angedeutetes kurzes Lächeln. Antonius spürt: »Ich habe mich verliebt!«, und er spürt auch, dass da etwas zurückkommt von Clemens.

Kaum kann er den Feierabend erwarten. Er lässt Clemens zu sich rufen. Wie soll er sich ihm erklären? Sie gehen ein wenig aus dem Lager, sprechen miteinander über ihr Leben. Es ist, als hätten sie sich immer schon gekannt. Wie zufällig sind ihre ersten Berührungen, doch dann nicht mehr zufällig, und der Abend wird unvergesslich für sie beide. Sie treffen sich immer öfter, teilen immer mehr miteinander und beginnen, gemeinsame Pläne zu machen.

Dann kommt die Chance ihres Lebens. Antonius soll mit einer Legion in das besetzte Palästina gehen und dort für Ruhe und Ordnung sorgen. Er darf einen Waffenträger als persönlichen Diener mitnehmen. Natürlich wählt er Clemens. In Kapernaum am See Genezareth beziehen sie ein Haus. Als Hauptmann braucht er nicht bei den anderen Soldaten im Zelt zu wohnen. Clemens hat zwar seine eigene Kammer, aber die meisten Nächte verbringen sie zusammen.

Antonius ist am Ziel seiner Sehnsucht angelangt. Endlich kann er Tag und Nacht mit dem Menschen zusammen sein, den er liebt und der seine Liebe auch erwidert. Nach außen hin zeigen sie natürlich nicht, wie eng sie zusammen gehören; da ist Clemens einfach der treue Diener seines Herrn.

Antonius kommt gut mit der Bevölkerung Galiläas klar. Er legt sich nicht mit den Menschen an, sondern sucht das Gespräch mit ihnen. So wird er von einigen sogar geschätzt, obwohl er zur Besatzungsmacht gehört. Einen dicken Pluspunkt gewinnt er bei den Bewohnern Kapernaums, als er ihnen den Bau einer Synagoge ermöglicht.

Während Antonius sehr glücklich ist, wird Clemens immer stiller. Seine Eltern und Geschwister fehlen ihm. Er hat Heimweh. Auch die Ungleichheit ihrer Beziehung macht ihm zu schaffen. Antonius ist hoch angesehen. Er verdient viel Geld und hat etwas zu sagen. Alle Menschen verbeugen sich vor ihm, wenn sie durch die Straßen gehen. Clemens dagegen ist und bleibt sein Diener. Er steht in Antonius' Schatten und wird nicht groß beachtet. Niemals darf er sagen: »Antonius ist mein Freund und Partner.« Immer muss er seine Gefühle verbergen und verheimlichen. In ihm rumort die Frage: »Dürfen sich denn eigentlich zwei Männer so lieben wie Mann und Frau? Mit allem, was so dazugehört?« Er kennt niemanden, der außer ihm noch so fühlt – außer natürlich Antonius. Er kennt die Witze, die über solche Männer wie ihn gemacht werden.

Clemens bekommt Angst. Er fürchtet sich vor den Menschen um ihn herum, die ihn durchschauen könnten. Was ist, wenn es herauskommt? Dann ist er weit weg von der Heimat. Er wird nichts mehr zu lachen haben und allen Kameraden schutzlos ausgeliefert sein. Die Legionäre sind nicht gerade zimperlich. Sie werden ihn fertig machen.

Clemens wird immer panischer. Er kann nicht mehr über große Plätze gehen und meidet jede Ansammlung von Menschen. Dann verlässt er kaum noch das Haus, und schließlich traut er sich nicht mehr aufzustehen aus dem Bett. Lähmung hat sein Leben ergriffen. Clemens zittert vor Angst. Er kann einfach nicht aufstehen. Und noch eine Panik kommt nun dazu: Wird sein Freund Antonius ihn verlassen, wenn er doch zu nichts mehr zu gebrauchen ist? Einen neuen Diener würde er leicht bekommen. Antonius bräuchte nur ein einziges Wort zu sagen, und schon würde ein anderer Soldat abkommandiert als neuer Waffenträger des Hauptmanns.

Clemens verzweifelt immer mehr. Er dreht sich zur Wand und weint in sich hinein.

Antonius hat voller Trauer miterlebt, wie sein Freund verfällt, aber er findet den Grund nicht heraus. Clemens traut sich nicht, seine Ängste auszusprechen, und Antonius ist so glücklich gewesen, dass er sich die seelischen Nöte seines Freundes überhaupt nicht vorstellen kann.

Antonius geht auf den Markt, weil Clemens ja nicht einkaufen kann. Er trifft auf eine Menschentraube. Natürlich muss er schauen, ob sich da ein Aufstand entwickeln könnte. Er ruft einen Mann zu sich, der gerade die Menschentraube verlässt.

»Was ist da los?«, fragt er ihn. »Herr, dieser Rabbi hat mich vom Aussatz geheilt; ich bin wieder gesund!« Das Gesicht dieses Mannes strahlt so dankbar, dass Antonius spürt: Er lügt nicht. »Wer ist dieser Mann?«, fragt Antonius ihn.

»Er zieht durch das Land und erzählt von Gott. Er heißt Jesus und kommt aus Nazareth.« »Was sagt er denn so?« Antonius versucht sich ein Bild von Jesus zu machen, ob er gefährlich sein könnte.

»Er hat auf einem Berg zu den Menschen gesprochen. Jeder soll seinen Nächsten lieben – sogar auch seine Feinde; und wir sollen auch für die beten, die uns verfolgen. Niemand soll einen anderen Menschen verurteilen, damit man selbst auch nicht verurteilt wird. Jeder soll sich um seine eigenen Schwächen kümmern. Und einen Satz habe ich sogar auswendig behalten: ›Bittet, so wird euch gegeben; suchet, so werdet ihr finden; klopfet an, so wird euch aufgetan. Denn wer da bittet, der empfängt; und wer da sucht, der findet; und wer da anklopft, dem wird aufgetan.‹«

Antonius lässt den Mann gehen; dieser Jesus scheint kein Aufrührer zu sein.

Doch einige Augenblicke später durchzuckt es ihn: »Wenn dieser Jesus das alles wirklich gesagt hat und es wirklich so meint, dann muss ich sofort zu ihm hin!

Wenn dieser Rabbi Aussätzige heilen kann, kann er doch auch Clemens helfen. Wenn der sagt, dass man auch die Feinde lieben soll, dann könnte er doch auch für mich als Römer etwas Nächstenliebe übrig haben. Wenn er keinen Menschen verurteilt, dann wird er auch mich nicht wegen meiner Liebe zu Clemens verurteilen. Wenn er sagt, dass man bitten und anklopfen darf bei seinem Gott, dann darf ich das doch auch! Wenn ein Mensch, der Gott sucht, ihn auch finden soll: Vielleicht finde auch ich diesen Gott für mich!«

Als Antonius sich gesammelt hat, geht er zu der Menschentraube hinüber. Die Menschen, die ihn nicht kennen, treten ängstlich zur Seite. Wer ihn schon einmal kennen gelernt hat, grüßt ihn eher freundlich; manche auf Hebräisch, manche auch auf Latein.

Antonius wendet sich an Jesus: »Herr, mein Knecht liegt zu Hause und ist gelähmt und leidet große Qualen.« Eigentlich will Antonius noch erklären und begründen, weshalb er gekommen ist, aber ohne jedes Zögern antwortet Jesus ihm: »Ich will kommen und ihn gesund machen.«

Damit hat Antonius nun doch nicht gerechnet. Eigentlich betritt ein frommer Jude doch nicht das Haus eines »Heiden«, wie sie sagen. Dadurch würde er unrein werden. Aber dieser Rabbi scheint damit keine Probleme zu haben. Aber was ist, wenn dieser Jesus mit den vielen Menschen in sein Haus kommt? Sie werden Clemens erschrecken, der doch solche Ängste vor anderen Menschen hat. Und außerdem könnte es sein, dass Clemens nicht in seiner Dienerkammer liegt, sondern in Antonius' Bett. Alle könnten erkennen, wie eng er und sein Freund zusammenleben. Außerdem stehen im Flur die Hausaltäre für die römischen Götter herum. Wenn Jesus und die Menschen um ihn herum in sein Haus und in sein Schlafzimmer kämen, würden er und Clemens vor aller Augen bloßgestellt. Antonius bekommt Angst. Und so bittet er Jesus: »Kannst du ihn nicht von hier aus gesund machen? Ohne uns so nahe zu kommen? Sprich nur ein Wort! Ich mache auch nicht alles selbst, sondern habe meine Leute dafür. Dein guter Geist wird die bösen Geister schon vertreiben. Und außerdem: Ich bin es nicht wert, dass du dich zu mir bemühst. Äußerlich gesehen habe ich zwar eine mächtige Position als Hauptmann, aber wirklichen Sinn macht doch eher das, was du für die Menschen tust. Ich bin ein kleiner, schwacher Mensch, der auf der Suche ist. Ich bin einer, der jetzt nur bitten und betteln kann und darauf hoffen kann, dass dein Gott mir hilft.«

Jesus nimmt Antonius ernst mit seinen Ängsten und seinem Wunsch nach Schutz. Er weiß, wie verächtlich seine eigenen Anhänger über den Hauptmann denken könnten: »Ein Heide; ein Ausländer; ein feindlicher Soldat; vielleicht auch noch schwul.« Jesus sieht diese Blicke und sagt zu den Umherstehenden: »Tragt eure Nasen nicht so hoch. An Gottes Tisch gehören Leute, mit denen ihr nicht rechnet. Verurteilt sie nicht, sonst bleibt ihr selbst noch draußen. Dieser Mann hat sehr viel Mut und Vertrauen gebraucht, um zu mir zu kommen. Mehr als jede und jeder von euch. Nehmt euch an ihm ein Beispiel!«

Nun wendet sich Jesus an Antonius: »Du hast gefunden, was du gesucht hast. Gott ist dein Freund. Du darfst der sein, der du bist – und dein Knecht, den du lieb hast, darf auch so sein, wie er ist. Mit Gott als Freund braucht ihr euch vor niemandem zu fürchten oder zu schämen. Liebt mit den Möglichkeiten, die Gott euch geschenkt hat! Halte zu deinem Knecht und lass ihn nicht allein!«

Erleichtert und nachdenklich geht Antonius heim. Als er Clemens von seiner Begegnung mit Jesus erzählt, findet sein Freund endlich den Mut, über seine Ängste und seine Panik zu sprechen. Antonius nimmt ihn in den Arm und hört ihm in aller Ruhe zu. Er verspricht ihm, dass er ihn niemals verlassen wird – selbst wenn er noch so krank wäre. Immer wieder fragt Clemens: »Hat dieser Jesus wirklich gesagt, dass ganz unterschiedliche Menschen zu Gott gehören dürfen und dass niemand das Recht hat, einen anderen zu verurteilen?« »Ja, das hat er gesagt«, antwortet Antonius jedes Mal.

»Den muss ich sehen!«, meint Clemens, und das strahlende Leuchten kehrt endlich wieder in seine Augen zurück. Er sucht seine Sandalen, steht auf und geht mit Antonius zusammen auf den Markt. Erst als er dort angekommen ist, fällt ihm auf, dass er auf seinen eigenen Beinen dorthin gelaufen ist – ohne Angst vor den Menschen, die ihm dort begegnen würden.

Matthias hasst die Zöllner
Matthäus 9. 9-13

9 Und als Jesus von dort wegging, sah er einen Menschen am Zoll sitzen, der hieß Matthäus; und er sprach zu ihm: »Folge mir!« Und er stand auf und folgte ihm.

10 Und es begab sich, als er zu Tisch saß im Hause, siehe, da kamen viele Zöllner und Sünder und saßen zu Tisch mit Jesus und seinen Jüngern.

11 Als das die Pharisäer sahen, sprachen sie zu seinen Jüngern: »Warum isst euer Meister mit den Zöllnern und Sündern?«

12 Als das Jesus hörte, sprach er: »Die Starken bedürfen des Arztes nicht, sondern die Kranken.

13 Geht aber hin und lernt, was das heißt: ›Ich habe Wohlgefallen an Barmherzigkeit und nicht am Opfer.‹ Ich bin gekommen, die Sünder zu rufen und nicht die Gerechten.«

Matthias ist keiner vom Zoll – ganz im Gegenteil: Er hasst Zöllner. Das hört man gleich heraus, wenn er erzählt:

»Ich hatte es mit 30 Jahren schon weit gebracht: Zuerst fuhr ich selbst öfters nach Amsterdam. Ich besorgte dort Stoff – also Rauschgift – und brachte es hier unter die Leute. Da war ganz schön was drin für mich. Aber damals gab es noch die Grenze; und die Zöllner mochte ich überhaupt nicht. Ich hatte Glück – es ging immer gut. Aber das war mir auf die Dauer zu gefährlich, da mal erwischt zu werden. Später ließ ich lieber andere das Zeug rüberholen; und hier hatte ich meine Leute, die es weiterverkauften. Das Geschäft blühte. Ich hatte mein Cabrio – natürlich mit Autotelefon, als das noch keiner hatte. Mein Bungalow war vom Feinsten – mit Swimmingpool und so weiter. Ab und zu flog ich mit ein paar »Miezen« nach Ibiza. Da lag auch mein Motorboot. Der Schampus wurde immer kistenweise angeliefert – na ja, was eben alles so dazugehört. In der Unterwelt war ich einer der Kings. Ich genoss es, reich zu sein. Ich habe mir nicht viel Gedanken darüber gemacht, wie ich mein Geld verdiente. Wer das Zeug nahm und daran kaputtging, war ja selbst schuld. Und wenn er es nicht von mir kaufte, holte er es sich sowieso woanders. Ich wollte auf der Sonnenseite des Lebens stehen, und das hatte ich geschafft. ›Man gönnt sich ja sonst nichts!‹, habe ich immer gesagt; aber natürlich habe ich mir alles gegönnt!
Eines Tages im Sommer saß ich mit einer Freundin und meinen beiden Leibwächtern vor der Eisdiele und wartete auf jemand. Da kam so ein Typ in meinem Alter in Jeans und T-Shirt mit ein paar Freunden. Er setzte sich an den Nebentisch, bestellte sein Eis und guckte mich an. Zuerst dachte ich: ›Was will der? Kennt der mich? Oder will der was von mir? Ist der von den Bullen?‹ Meine Bodyguards wurden schon etwas nervös. Wir aßen unser Eis, ohne eigentlich ein Wort miteinander zu wechseln. Als wir gezahlt hatten, sagte der Typ auf einmal freundlich lächelnd zu mir: ›Komm mit uns!‹
Der wollte mich damit nicht nur zu einem Spaziergang einladen. Ich spürte: Der lädt mich zu einem total anderen Leben ein. Ich konnte es mir selbst zwar nicht recht erklären, warum: Aber ich stand auf! Den anderen sagte ich, dass ich sie nachher anrufen würde, denn ich wollte mit diesem Typen sprechen. Ich fragte ihn dann Löcher in den Bauch: Was er macht; wie er lebt; warum er so ganz anders lebt als ich; woran er glaubt. Er sagte, dass er Christ sei. Ich fragte: ›Warum? Und welche Ziele verfolgst du?‹
Da erzählte dieser Typ von sich: ›Es gab eine Zeit, da mochte ich mich selbst nicht leiden. Ich war unzufrieden mit mir und sah vor allem meine Fehler und Schwächen. Als ich ziemlich verzweifelt über mich war,

sprach ich mit einer Freundin darüber. Nachdem sie zugehört hatte, meinte sie: ›Nimm dich so, wie du bist! Du bist liebenswert.‹ Ich machte ein ziemlich dummes Gesicht und fragte nur: ›Wieso liebenswert?‹ ›Weil Gott dich so mag, wie du bist!‹, war ihre Antwort. Wir haben dann noch lange darüber gesprochen, bis ich begriffen hatte, dass ich nicht gut oder perfekt sein muss, um von Gott geliebt zu werden und liebenswert zu sein. Seit mir das klar ist, will ich von meinem Glück anderen etwas abgeben, die sich genauso mies fühlen, wie ich es früher tat. Und du kommst mir mit deinem ganzen Besitz nicht gerade glücklich vor.‹

Ich war ganz still geworden. Und ich merkte, dass mein Leben eigentlich leer war; ich hatte sinnlos auf Kosten anderer gelebt. Plötzlich kam mir mein ganzer Luxus schal vor. Ich fand den Mut, ihm von mir zu erzählen; aber das war nicht so angeberisch wie sonst. Und er hörte zu, ohne mich zu verhören. Er versuchte mich zu verstehen, ohne mich zu beurteilen. Schließlich fragte er: ›Willst du so weitermachen, oder willst du da raus?‹ Und er sagte das nicht von oben herab. Ich hatte wirklich die Wahl. Ich glaube: Selbst, wenn ich gesagt hätte: ›Mein Geld ist mir wichtiger als deine Ideale‹, hätte er mich akzeptiert und respektiert. Aber ich merkte: Ich will, dass alles anders wird. Ich will mal etwas Sinnvolles tun, statt andere kaputt zu machen.

Und hier hatte ich eine Chance. Da war einer, der Vertrauen zu mir hatte, obwohl ich ihm einiges erzählt hatte von mir. Der nagelte mich nicht fest auf meine Vergangenheit. Der machte mir keine Vorwürfe und keine Vorschriften. Der versuchte mich nicht zu überreden oder zu missionieren. Der behandelte mich wie Seinesgleichen und nahm mich ernst.

Ich lud ihn ein, mit seinen Freunden am Abend in mein Stammlokal zu kommen. Ich wollte, dass er meine Welt kennenlernt. Ich war mir nicht sicher, ob er kommen würde. Mein Stammlokal war ein Nachtclub mit zweifelhaftem Ruf. Doch er kam. Ich stellte ihm meine Freunde vor: Harry, der die Peepshow betreibt; Tom, der gerade aus dem Knast gekommen ist; Fred, der mit gebrauchten Autoradios und mit anderen Sachen handelt, die er sich nachts besorgt; Päule, der geklaute Autos nach Polen bringt. Eine illustre Gesellschaft. Es wurde ein wirklich netter Abend.

Wir haben miteinander gelacht, aber auch ernsthaft geredet. Manche haben sich über meinen neuen Freund amüsiert und meinten, er sei ein komischer Heiliger. Andere kamen wie ich ins Nachdenken. Wir haben von unserem Leben erzählt; er und seine Freunde von ihrem. Keiner hat versucht, dem anderen sein eigenes Leben aufzudrängen. Und obwohl wir ziemlich lange zusammengesessen haben, waren wir hinterher nicht mal besoffen.

Am nächsten Tag sah ich ihn wieder. Aber er bemerkte mich nicht, weil er mit einigen Leuten seiner christlichen Gemeinde in einer erregten Auseinandersetzung war. Ich wurde traurig und schämte mich. Sie machten ihm nämlich heftige Vorwürfe. Jemand hatte ihn in den Nachtclub gehen sehen. Sie meinten, das sei nicht der richtige Ort für einen Christen; und sich mit Ganoven rumzutreiben, das könnte ja wohl auch nicht gut sein. Sie hatten auch Angst um den Ruf der Gemeinde. Ich glaube: Wenn ich und meine Freunde bei ihnen in der Kirche aufgetaucht wären, das wäre denen gar nicht recht gewesen. Wenn Harry sich mit seiner Ledermontur und seinen Tätowierungen in eine Bank gesetzt hätte – neben sich vielleicht Jenny mit ihrem superheißen Mini, den sie immer trägt: Die anderen Leute hätten sich mindestens drei Bänke weitergesetzt. Die wollen doch nichts mit uns zu schaffen haben. Hauptsache, ihre Gemeinde bleibt anständig und sauber. Irgendwo kann ich es ja auch verstehen.

Die anderen anständigen Bürger wollen ja auch nichts mit uns zu tun haben. Für die sind wir ja nur ›Ungeziefer‹, wie sie oft sagen.

Aber weh tat es mir doch, ihre fromm klingenden und so verachtenden Kommentare zu hören. Ich hatte mir zwar im Laufe der Jahre ein dickes Fell zugelegt, aber gerade gestern erst hatte ich mich seit langer Zeit wieder etwas geöffnet; war damit auch wieder verletzlicher geworden. Die offene und respektvolle Art, mit der dieser Typ auf mich zugekommen war, hatten mich fasziniert. Ich hatte gedacht, dass dies von seiner Weltsicht herkomme und dass die für mich gut sein könne; doch nun spürte ich, wie seine Glaubensgenossen mich verachteten.

Ich wollte mich schon davonschleichen. Mir war klar: Mein neuer Freund durfte sich unmöglich meinetwegen Ärger einhandeln. Es gibt eben auch bei den Christen eine feste Ordnung; und ich war ja sogar selbst schuld, dass ich eben nicht dazugehörte.

Aber als ich mich gerade umdrehen und weggehen wollte, hörte ich, wie mein neuer Freund sagte: ›Der Matthias ist gerade auf der Suche nach einem neuen Anfang. Ihr mögt ja vielleicht wissen, wie ihr alles richtig macht. Aber wenn ihr seine Fragen und sein Bemühen nicht wichtig nehmt, dann könnt Ihr euch eure ganze Frömmigkeit an den Hut st ...‹

Er sprach diesen Satz nicht zu Ende, denn er entdeckte mich. Er kam zu mir, legte seine Hand auf meine Schulter und sagte nur: ›Komm, wir gehen!‹«

Hilf mir – meine Tochter ist krank!
Matthäus 15. 21- 28

21 Und Jesus ging weg von dort und zog sich zurück in die Gegend von Tyrus und Sidon.

22 Und siehe, eine kanaanäische Frau kam aus diesem Gebiet und schrie: »Ach Herr, du Sohn Davids, erbarme dich meiner! Meine Tochter wird von einem bösen Geist übel geplagt.«

23 Und er antwortete ihr kein Wort. Da traten seine Jünger zu ihm, baten ihn und sprachen: »Lass sie doch gehen, denn sie schreit uns nach.«

24 Er antwortete aber und sprach: »Ich bin nur gesandt zu den verlorenen Schafen des Hauses Israel.«

25 Sie aber kam und fiel vor ihm nieder und sprach: »Herr, hilf mir!«

26 Aber er antwortete und sprach: »Es ist nicht recht, dass man den Kindern ihr Brot nehme und werfe es vor die Hunde.«

27 Sie sprach: »Ja, Herr; aber doch fressen die Hunde von den Brosamen, die vom Tisch ihrer Herren fallen.«

28 Da antwortete Jesus und sprach zu ihr: »Frau, dein Glaube ist groß. Dir geschehe, wie du willst!« Und ihre Tochter wurde gesund zu derselben Stunde.

Schon früh hat Anna ihren Mann verloren. Gerade erst war ihre Tochter Martha geboren. Mit ihr hat sie sich durchgeschlagen. Das war nicht leicht. Zu Hause arbeitet Anna für andere Menschen: Sie näht vom Morgen bis zum Abend. Niemals würde sie ihr Kind aus den Augen lassen. Für ihre Tochter ist Anna stark; durch Martha lebt sie. Für ihre Tochter tut sie alles und nimmt ihr alles ab. Sie passt gut auf sie auf, damit ihr nichts Böses geschieht. Sie will sie nicht auch noch verlieren wie damals ihren Mann! Martha soll es gut haben und sich ruhig ein wenig verwöhnen lassen. Sie soll es so gut haben, dass sie nie weggehen wird. Martha ist nicht nur ihre Tochter, sondern auch ihre beste Freundin – eigentlich sogar ein Stück von ihr selbst!

Doch als Martha älter wird, geschieht etwas Merkwürdiges: Sie wird immer unselbstständiger und lebensuntüchtiger. Sie traut sich selbst nichts zu und bekommt vor sehr vielen Situationen des Alltags Angst. Anna fällt auf, dass Martha ausgesprochen kontaktscheu ist und keine Freundinnen oder Freunde hat. Sie vergräbt sich in sich selbst und wird immer eigenbrötlerischer.

Dazu kommt noch eine Eigenschaft Marthas, die Anna sehr zu schaffen macht: Mitunter bekommt Martha einen Anfall von Jähzorn. Dann wirft sie Geschirr auf den Boden und schreit ihre eigene Mutter an: »Lass mich in Ruhe, du alte Hexe!«

Anna ist verzweifelt. Hatte sie sich nicht so viel Mühe gegeben, Martha alles Recht zu machen? Ist das der Dank, den sie verdient hat?

Nach einiger Überlegung kommt sie zu dem Schluss, dass Martha krank ist. Das heißt, dass sie noch besser auf ihre Tochter achten muss. Sie kann sie nun nicht mehr nach draußen lassen. Martha darf nichts mehr in die Hände bekommen, womit sie sich oder jemand anderen verletzen könnte.

Annas Fürsorge für ihre Tochter wird immer größer, doch Marthas Krankheit wird immer schlimmer. Mal bewegt sie sich den ganzen Tag nicht und spricht kein Wort, und dann wieder bekommt sie plötzlich einen Tobsuchtsanfall. Anna weiß sich keinen Rat mehr. Weil Martha so krank ist, ist auch ihr eigenes Leben verpfuscht.

Eines Tages hat Jesus sich aus Israel zurückgezogen und ist in das Land Kanaan gegangen. Dorthin folgen ihm die Leute nicht, die sonst um ihn herum sind. Jesus möchte einmal mit seinen Freunden allein sein und Zeit für sich selbst haben. Ungestört will er neue Kräfte sammeln. Deshalb nutzt er die Grenze zwischen diesen Ländern, um sich abzugrenzen.

Anna lebt mit ihrer Tochter auf dieser Seite der Grenze, denn sie ist Kanaanäerin. Als sie hört, dass dieser Jesus in Israel schon manchem Menschen geholfen hat, schließt sie Martha kurzerhand ein und stürzt zu ihm. Laut jammert und klagt sie: »Sieh, wie schwer ich es habe! Ich arme Mutter habe eine kranke Tochter, die böse ist! Ach, es ist ein hartes Los, das mich getroffen hat. Ich gebe mir alle Mühe, aber alles wird mir genommen und zerrinnt mir zwischen den Fingern!«

Jesus hört sie jammern und sagt nichts. Wahrscheinlich ist ihm aufgefallen, dass Anna nicht um ihre Tochter klagt, sondern um sich selbst. Ihre Kraft ist erschöpft und sie wünscht sich Anerkennung für ihre schwere Aufgabe, aber eigentlich soll sich nicht zu viel ändern. Wenn ihre Tochter gesund würde, könnte sie eines Tages ja weggehen und sich selbstständig machen. Anna braucht die Unselbstständigkeit Marthas, denn durch deren Schwäche ist sie selbst stark. Was will sie wohl von ihm?

Eigentlich soll er ihr sagen: »Oh ja, du hast es schwer. Du bist eine gute Mutter, dass du so für deine kranke Tochter sorgst. Nimm ihre Anfälle nicht zu persönlich! Das ist das Schicksal, das dir auferlegt ist, und später wirst du einmal dafür belohnt werden.«

Das möchte Anna hören, aber Jesus sagt nichts.

Immer wieder jammert Anna, so dass die Jünger es nicht mehr aushalten. Jesus soll irgendetwas tun, damit wieder Ruhe einkehrt. »Schick sie weg, oder tu, was sie will! Sonst werden wir sie nie wieder los!«

Jetzt macht Jesus seinen Mund auf. Doch was er sagt, scheint keinen rechten Zusammenhang mit Annas Jammerei zu haben: »Ich bin hier, um einmal auszuruhen. Ich muss meine eigenen Grenzen sehen und anerkennen. Ich kann nicht immer nur geben, sondern brauche auch Zeit zum Ausruhen und Entspannen. Ich brauche meine Grenzen. Du hast auch nicht gesagt, was du eigentlich von mir willst.«

Anna hat aufgehört mit ihrem hilflosen Geschrei. Sie spürt, dass es vielleicht doch noch eine andere Möglichkeit gibt als zu leiden und zu jammern und immer auf dieselbe Art weiterzumachen. Vielleicht gibt es ja noch andere Lösungen; aber Anna weiß nicht, wie sie es anpacken soll. Nun möchte sie einen Ratschlag von Jesus haben. Er soll ihr sagen, was sie machen soll – oder er selbst soll die Sache in Ordnung bringen.

Jesus weiß, dass es mit einem Ratschlag nicht getan ist. Er spricht es auch aus: »Wenn ich dir etwas raten würde, dann würdest du sicherlich viele Gründe finden, weshalb meine Ratschläge nichts taugen. Du wirst nach Ausreden suchen; denn ich glaube, dass du eigentlich nicht willst, dass sich wirklich etwas verändert. Du willst, dass deine Tochter schwach ist und dich braucht. Du willst ihr Leben bestimmen, weil du dann dein eigenes Leben nicht leben musst. Solange du in ihr lebst und keine Grenze ziehst zwischen ihr und dir, wird sich nichts ändern. Wenn du nicht dein eigenes Leben anschaust und dein eigenes Leben gestalten willst, werden meine Ratschläge nichts bringen und wie Perlen vor die Säue geworfen sein. Alle meine Empfehlungen werden bei dir ungehört verhallen, als wenn man kostbares Brot auf die Erde wirft. Was tust du für deine eigene Lebensfreude und Entspannung? Wann hast du mal etwas für dich getan und dir Zeit genommen, neue Kräfte zu sammeln? Stattdessen mischst du dich in das Leben deiner Tochter ein und hinderst sie am Leben.«

Anna spürt, wie Recht Jesus hat – auch wenn die Worte hart und unbequem sind. Mit seinen Worten steigt in ihr eine Sehnsucht auf nach einem farbigeren Leben, in dem es auch für sie ab und an etwas Glück gibt. Sie spürt, dass dieser Jesus etwas vom Leben versteht. Der hat Freunde, mit denen er reden kann. Er kann feiern und fröhlich sein. Er nimmt sich Zeit zum Entspannen. Er traut sich, sich abzugrenzen. Dadurch kann er gelassen und ausgeglichen sein.

Anna möchte ein etwas von dieser Lebenseinstellung abbekommen. »Vielleicht verstehe ich ja doch ein bisschen von dem, was du meinst. Gib mich nicht auf! Ich möchte so gern lernen, wie ich leben kann! Schenk mir etwas von deiner Lebenskraft!«

Jesus sieht sie an: »Du hast großes Vertrauen. Fang wieder an zu leben! Trau deiner Tochter zu, dass sie ihr Leben selbst meistern kann, dann wird sie auch wieder selbständiger und selbstbewusster werden. Dann wird sie wohl auch ihre ohnmächtigen Wutanfälle nicht mehr brauchen. Wenn du wirklich willst, dass sie gesund wird, dann müsst ihr als zwei freie, unabhängige Menschen leben, statt zu einer Person zu verschmelzen. Du darfst leben – und du kannst es auch schaffen!«

Als Anna fortgeht, jammert sie nicht mehr. Sie überlegt: ›Was würde ich eigentlich machen, wenn ich einmal Zeit hätte für mich allein?‹ Und als sie auf dem Heimweg über den Markt geht, kauft sie sich eine kleine Flöte und nimmt sich vor, zu Hause ein wenig für sich zu musizieren. Als sie dort ankommt, hat ihr Leben schon einen ersten bunten Tupfer bekommen. Sie sieht ihre Tochter gelassener an, weil sie sich nicht mehr für deren Leben verantwortlich macht.

Wenn sich eine Person ändert, dann ändern sich auch die, die mit ihr zu tun haben. Und so hört man bald wieder Lachen aus diesem Haus kommen.

Martha wird in den nächsten Wochen und Monaten immer aktiver und selbstständiger, weil es sich nun wieder für sie lohnt. Als sie stark und gesund ist, zieht sie eines Tages aus. Anna wischt sich eine Träne aus dem Auge, doch dann nimmt sie ihre Flöte und fängt schon einmal an, ein paar Kinderlieder zu üben. Es dauert noch seine Zeit, bis Anna sie später einmal ihrem Enkelkind vorspielen wird.

Der großartigste Moment seines Lebens
Matthäus 17. 1-9

1 Und nach sechs Tagen nahm Jesus mit sich Petrus und Jakobus und Johannes, dessen Bruder, und führte sie allein auf einen hohen Berg.
2 Und er wurde verklärt vor ihnen, und sein Angesicht leuchtete wie die Sonne, und seine Kleider wurden weiß wie das Licht.
3 Und siehe, da erschienen ihnen Mose und Elia; die redeten mit ihm.
4 Petrus aber fing an und sprach zu Jesus: »Herr, hier ist gut sein! Willst du, so will ich hier drei Hütten bauen, dir eine, Mose eine und Elia eine.«
5 Als er noch so redete, siehe, da überschattete sie eine lichte Wolke. Und siehe, eine Stimme aus der Wolke sprach: »Dies ist mein lieber Sohn, an dem ich Wohlgefallen habe; den sollt ihr hören!«
6 Als das die Jünger hörten, fielen sie auf ihr Angesicht und erschraken sehr.
7 Jesus aber trat zu ihnen, rührte sie an und sprach: »Steht auf und fürchtet euch nicht!«
8 Als sie aber ihre Augen aufhoben, sahen sie niemand als Jesus allein.
9 Und als sie vom Berge hinabgingen, gebot ihnen Jesus und sprach: »Ihr sollt von dieser Erscheinung niemandem sagen, bis der Menschensohn von den Toten auferstanden ist.«

Petrus erzählt diese seine Geschichte nicht jedem; aber lange nach Ostern sitzt er in einer Christengemeinde mit den Freundinnen und Freunden zusammen, und da beginnt er zu reden.
»Ja, es war schon etwas Besonderes«, sagt er. »Da nimmt Jesus mich und zwei andere Freunde beiseite. Wir machen uns auf den Weg und ziehen gemeinsam los, um einen hohen Gipfel zu besteigen. Das Tal lassen wir hinter uns mit allem lauten Treiben und dem täglichen Einerlei. Gemeinsam gehen wir diesen anstrengenden Weg nach oben – immer höher hinauf. Nur wir vier: Jesus, Jakobus, Johannes und ich.
Herausgehoben aus dem Alltag nähern wir uns dem klaren Gipfel. Als wir oben sind, da erlebe ich Jesus ganz anders als sonst. Hier erkenne ich in ihm nicht mehr nur den hilfsbereiten Mitmenschen und weisen Lehrer, sondern mit einem Schlag wird mir deutlich: In diesem Jesus begegnet mir jetzt Gott selbst. So viel Würde, so viel Klarheit und Wahrheit strahlt er aus. In seiner Bedeutung übertrifft er sogar noch Mose und Elia. Die ganze biblische Weissagung scheint auf ihn hinzuweisen. In diesem Jesus erkenne ich den Messias – und kein Zweifel ist in diesem

Moment für mich denkbar. Ich spüre: Dieser Jesus und Gott – das ist derselbe.

Dieses Erlebnis nimmt mir den Atem. Ich merke, dass dieser Moment der absolute Höhepunkt meines Lebens ist. Es kann keine Steigerung dieses Glücks mehr geben. Alles ist so klar, und eines greift ins andere. Mein Blick dringt weiter und tiefer in die Wirklichkeit als ich es je gekannt habe.

Wie schön wäre es, wenn die Zeit jetzt still stehen würde! Deshalb rufe ich ganz begeistert: ›Herr, hier ist gut sein! Lass uns Hütten bauen. Dann können wir tage- und wochenlang so zusammenbleiben.‹ Wie gesagt: Ich spüre das Außerordentliche dieses grandiosen Erlebnisses. So etwas kommt nicht wieder; und so will ich es auskosten, so lange es irgendwie geht.

Das ist der Jesus, der mir gefällt: Stark, mächtig, leuchtend, übermenschlich. Nicht so ohnmächtig und klein, wie er mir sonst oft vorgekommen ist. Und ich bin in diesem Moment dabei! Ich stehe auf ein paar Meter Entfernung mit der allerhöchsten Prominenz des Himmels zusammen! Das hat vor mir noch niemand erlebt.

Und dann kommt noch diese Stimme aus einer Wolke: ›Dies ist mein lieber Sohn, an dem ich Wohlgefallen habe; den sollt ihr hören!‹ Gott Vater selbst spricht uns an!

Da wird mir doch ganz anders. Ich bin total erschrocken und erschüttert. Gott in dieser Klarheit zu begegnen: Mit einem Schlag spüre ich, wie klein wir Menschen sind. Mein ganzes Gefühl von Stolz und Größe kippt mit einem Mal um. Meine Schwäche wird mir bewusst. Ich wage nicht mehr aufzublicken und werfe mich auf den Boden. Bin ich zu weit in das Geheimnis Gottes eingedrungen? Muss ich jetzt sterben? Kann und darf ein Mensch das sehen, was ich erlebt habe?

Jesus selbst ist es dann, der mir die Angst und den Schrecken nimmt. Er berührt mich – ganz menschlich. Ich schaue auf, und alles ist wieder vorbei. Jesus ist bei mir – wieder dieser ganz menschliche Mensch, wie er sonst immer gewesen ist. Kein göttliches Leuchten ist mehr in seinem Gesicht zu sehen. Er ist einfach wieder der Freund und Meister, mit dem ich durch die Lande gezogen bin.

Dieses außerordentliche Erlebnis hat sich nicht festhalten lassen. Etwas zweifle ich, ob ich die letzten Minuten wirklich erlebt habe. Die Realität hat mich wieder eingeholt. Da ist keine Spur mehr von Mose und Elia zu entdecken. Es findet sich keine besondere Wolke mehr am Himmel. Nur die verstörten Blicke von Jakobus und Johannes zeigen mir, dass ich nicht geträumt habe. Wir haben gemeinsam einen kurzen Blick in die Tiefen der göttlichen Wahrheit getan – unbegreiflich für uns selbst; noch viel unbegreiflicher für andere, die nicht dabei gewesen sind.

Auf dem Weg nach unten ins Tal merke ich: Das kann ich niemandem erzählen. Es wird niemand begreifen und verstehen. Ich werde nicht damit angeben können. Man würde mich für übergeschnappt halten. Diese persönliche Erfahrung ist nicht für andere Ohren bestimmt. Sie lässt sich nicht wirklich mitteilen.

Unten im Tal treffen wir auf die anderen Jünger. Sie haben in der Zwischenzeit versucht, einem Mann mit einem kranken Kind zu helfen, doch sie konnten es nicht. Dort der Alltag mit seinen Enttäuschungen und Misserfolgen – und wir haben dieses wunderbare Erlebnis gehabt. Dieser Gegensatz!

Ich frage mich, warum Jesus gerade uns drei mitgenommen hat und all die anderen Vertrauten nicht. Sie hätten solch eine Ermutigung sicherlich auch gut brauchen können! Warum durfte ich das sehen, und die anderen nicht? Ich weiß es nicht; es ist eben ein besonderes Geschenk gewesen.«

Petrus hat seine Geschichte erzählt und schweigt. Eine Frau aus der Zuhörerrunde wendet sich an ihn:

»Wie kommt es, dass du uns das erzählt hast und doch selber sagst, dass du dieses Erlebnis niemand anders verständlich machen kannst? Traust du uns denn zu, dass wir das begreifen?«

»Ja«, sagt Petrus. »Die Geschichte mit Jesus ist ja weitergegangen: Kurze Zeit später habe ich Jesus in seiner ganzen Menschlichkeit und Ohnmacht erlebt: Als er festgenommen, verhört und gequält wurde. Ich habe das ja nicht ausgehalten. Ich bin umgefallen und habe mich von ihm losgesagt. Ich habe so getan, als kenne ich ihn nicht. Wie ihr wisst, ist er verurteilt und hingerichtet worden. Alles schien vorbei.

Und dann habe ich allmählich begriffen, dass dieser Jesus als Christus auferstanden ist und dass er jetzt im Licht Gottes lebt. Er lebt nicht wie vorher. Ich kann nicht mehr mit ihm durch die Lande ziehen, mit ihm essen und trinken, ihm von Angesicht zu Angesicht zuhören und ihn fragen. Aber oft hilft mir die Erinnerung an das Erlebnis auf dem Berg. Dann weiß ich wieder: Jesus Christus ist Gott. Er kann nicht tot sein. Wenn ich dann nach ihm suche, spüre ich manchmal, wie er mir in anderen Menschen nahe ist und mich begleitet. Ich bin mir sicher, dass Jesus Christus ganz lebendig unter uns ist.

Ihr glaubt das auch, dass der gekreuzigte Jesus zwischen uns lebendig ist. Deshalb habe ich es gewagt, euch diese Geschichte zu erzählen.«

Einiges war ihm unter die Haut gegangen
Markus 1. 40-43

40 Und es kam zu ihm ein Aussätziger, der bat ihn, kniete nieder und sprach zu ihm: »Willst du, so kannst du mich reinigen.«
41 Und es jammerte ihn, und er streckte die Hand aus, rührte ihn an und sprach zu ihm: »Ich will's tun; sei rein!«
42 Und sogleich wich der Aussatz von ihm, und er wurde rein.
43 Und Jesus drohte ihm und trieb ihn alsbald von sich.

Ich muss mal mit dir sprechen«, sagt Joram zu seiner Schwester Rahel. »Darf ich hereinkommen?« Rahel ist sprachlos, als sie ihn in der Tür stehen sieht. »Joram, was tust du hier, mitten in der Stadt? Du darfst doch nicht hier sein! Wenn dich jemand sieht? Und wenn du mich oder die Kinder ansteckst? Nimm Rücksicht auf uns und geh dahin zurück, wo du hingehörst. Ich komme morgen und stelle dir etwas Schönes zu essen hin!«

Rahel hat Angst. Ihr Bruder hat schon lange eine Hautkrankheit. »Den Aussatz« nennt man das. Joram lebt seitdem draußen vor der Stadt. Einige Hütten gibt es dort. Alle Aussätzigen leben dort. Sie müssen sich von anderen fern halten. Sie haben eine Rassel. Wenn jemand vorbeikommt, der sich nicht auskennt, müssen sie rufen: »Vorsicht, ich bin unrein!« So können alle Abstand halten und sich vor Ansteckung schützen. Eigentlich ist es eine Schande für Rahel, einen aussätzigen Bruder zu haben. Der Aussatz sieht ekelig aus. Er stinkt. Und wer ihn hat, gilt als anrüchig. Wenn jemand so ekelig ist, dann kommt das von innen! Gott hat diese Menschen gezeichnet. Das weiß doch jeder. Eigentlich kann man sich vor einem solchen Menschen nur ekeln und sich angewidert abwenden.

Doch Rahel kennt ihren Bruder noch von früher aus seinen gesunden Zeiten. Sie hat ihn geliebt, und sie liebt ihn immer noch. Deshalb bringt sie ihm oft etwas zu essen vor die Stadt. Sie stellt es hin, ruft ihn, geht ein paar Meter zurück. Dann fragt sie, wie es ihm geht.

Aber dass er jetzt in ihr Haus kommt? »Ja, siehst du denn gar nichts?«, fragt Joram und lacht. »Ich bin rein! Meine Krankheit ist weg! Ich bin gesund! Gerade war ich bei den Priestern! Sie haben es offiziell bestätigt: Ich habe keinen Aussatz mehr. Im Tempel war ich. Nach all der langen Zeit konnte ich endlich wieder hineingehen und mein Opfer bringen. Ich gehöre wieder dazu! Freust du dich denn nicht? Sieh mich doch an! Fühl doch mal meine schöne Haut!«

Zögernd kommt Rahel näher. Sie schaut ihren Bruder an, nimmt seinen Arm. Sie streicht über die glatte Haut und nimmt ihn schweigend in den Arm. »Erzähle!«, sagt sie schließlich.

»Den Anfang der Geschichte kennst du eigentlich schon. Du hast das doch mitbekommen, wie stolz Mutter darauf war, dass ich mit anderthalb Jahren nicht mehr in die Windeln machte? ›Pfui bah‹, sagte sie immer, wenn ich in der Matsche gespielt habe. So vieles war für sie ekelig; wenn ich schmutzig war, hat sie sich vor mir geekelt. Kaum hat sie mal geschmust mit mir; mir nicht über die Backe oder über die Haare gestreichelt; mich nicht in den Arm genommen. Zärtlichkeit war doch ein Fremdwort bei uns zu Hause. Und Vater? Nie konnte ich es ihm recht machen. ›Wenn du nicht besser lernst, wird nie was aus dir!‹ Das war doch ständig sein Satz. Immer machte er mir Angst. Wenn mir etwas nicht gelang, musste ich in der Ecke stehen, mit dem Kopf zur Wand – zur Strafe. Nie hat er mich mal getröstet. Und wenn ein Nachbar sich über mich beschwerte, weil mein Ball in seinen Hof gefallen war, setzte es immer gleich Prügel von den Eltern.

Das ging mir alles unter die Haut. Ich konnte mich gegen die ständigen Angriffe nicht wehren. Ich fand mich schließlich selbst ekelig und nicht liebenswert. Überall war ich seelisch verwundet. Ich fühlte mich nackt und zog mich in mich selbst zurück, weil ich meiner Umwelt gegenüber nicht schutzlos ausgeliefert sein wollte. Ich glaube, daher ist mein Aussatz gekommen. Ja, genau daher. Er war gerade recht, um mir die anderen vom Leibe zu halten.«

»Ich glaube, das verstehe ich«, sagt Rahel nachdenklich, »und dann musstest du fort, vor die Stadt. Ich war damals sehr traurig; ich durfte dich nicht besuchen. Die Eltern sagten, du seiest für sie gestorben. Sie bedauerten sich selbst, warum sie dich geboren hatten. ›Lieber ein totes Kind als ein aussätziges‹, sagten sie immer.«

»Ja, so etwa habe ich mir das gedacht«, fährt Joram fort. »Und nun ging der Teufelskreis ja weiter: Da draußen bei den anderen Aussätzigen gab es keinerlei Berührung mehr mit irgendeinem Menschen. Alle hatten Angst vor mir. Alle ekelten sich vor mir. Jeder Gesunde fühlte sich besser als ich, weil er besser aussah als ich. Jeder gab mir mit seinen Blicken oder mit seinem auffälligen Weggucken zu verstehen, dass er mich verachtete.

Kannst du dir vorstellen, wie das ist, jahrelang keine Umarmung zur Begrüßung oder zum Abschied, keinen Händedruck zu bekommen? An Zärtlichkeiten oder Liebe war ja überhaupt nicht zu denken! Immer stand da der stumme Vorwurf: ›Du wirst schon wissen, womit du das verdient hast! Gott weiß, warum er dir das geschickt hat!‹

Mein Gott, nach einer Weile habe ich ja selbst schon daran geglaubt. Ich fand mich selbst ekelig und habe mir eingeredet, dass ich schlecht und verkommen bin. Und die anderen Aussätzigen um mich herum, die hatten ja alle die gleichen Probleme wie ich. Die zählten immer, ob sie nicht ein paar Beulen weniger hätten und meinten dann, sie seien immer noch ein bisschen besser als andere. Da gab es kaum Hilfe untereinander. Na ja, das ist ja auch kein Wunder: Wer sich selbst nicht leiden kann, wie soll der andere leiden können, die genauso oder ähnlich sind?

Manchmal habe ich überlegt, Schluss zu machen mit diesem Leben, das doch kein richtiges Leben war. Aber gleichzeitig hatte ich auch Angst vor diesem Schritt. Heute weiß ich: Zum Glück hatte ich Angst davor. Damals fand ich mich selbst nur feige. Und manchmal hat mich auch der Gedanke an dich davor zurückgehalten. Du kamst wenigstens manchmal in die Nähe. Du hast aus der Ferne ein paar Worte mit mir gewechselt und hast mich nicht vergessen. Aber ich habe auch deine Angst gespürt in all den Jahren.«

»Ja«, sagt Rahel, »natürlich hatte ich Angst. Ich wusste doch, wie die Leute über euch da draußen geredet haben. Ich wollte dich nicht fallen lassen, aber ich wollte auch nicht zu euch gehören. Aber erzähl endlich: Wie bist du gesund geworden?«

»Heute Morgen kam ein Wanderprediger in der Nähe vorbei. Ich hörte, wie seine Begleiter darüber sprachen, dass er Kranke geheilt hat. Ich dachte: ›Das ist meine Chance!‹ Ich rannte hinterher und warf mich vor ihm auf die Erde. ›Wenn du willst, kannst du mich reinmachen!‹, hörte ich mich sagen. Ich sah nur seine Füße, denn ich traute mich nicht, ihm mein entstelltes Gesicht zu zeigen.

Er war stehen geblieben. Die anderen gingen alle gleich ein paar Meter weg. Sie hatten Angst. Sie ekelten sich. Ich kannte das ja. Aber er blieb stehen. Er sagte keinen Ton. Und dann merkte ich, wie er mir über meine Haare strich. Wie er mir über den Nacken streichelte – auch da, wo ich meinen Ausschlag hatte. Er ging in die Hocke. Er schaute mich an, nahm mit beiden Händen mein Gesicht und hob es vorsichtig hoch. Dann schaute mir in die Augen und sagte: ›Ja, das will ich. Du bist völlig in Ordnung!‹ Und als er meinen Kopf an seine Schulter nahm, habe ich geweint und geweint.

Da interessierte sich einer für mich! Da nahm mich einer in seinen Arm! Da war einer, der mich nicht verachtete und der keine Angst vor mir hatte! Alles brach aus mir heraus, und minutenlang konnte ich nur heulen. Und er hockte nur da, ließ mich weinen und hielt mich fest. Ich war ihm wichtig, und er nahm sich Zeit für mich. Alles andere und alle anderen mussten warten.

Als ich mich nach einer Weile etwas beruhigt hatte, fragte er: ›Was hat man dir nur angetan?‹ Er fragte nicht wie sonst alle anderen: ›Was hast du nur getan?‹ Nein, er fragte wirklich: ›Was hat man dir nur angetan?‹ Und ich erzählte ihm meine ganze Geschichte – mit all dem, was mich verletzt und gekränkt hatte. Ich erzählte von meiner Enttäuschung und Einsamkeit; von meiner Wut, die ich gegen mich selbst gerichtet hatte; von meinem Selbsthass und meiner Trauer; von all meiner Mutlosigkeit und Verzweiflung. All das brach aus mir heraus mit Tränen und Schluchzen. Alles, was mich vergiftet hatte, was meine Haut aufbrechen und eitern ließ, kam mit meinen Tränen aus mir heraus.

Und dieser Wanderprediger hörte mir nur zu. Der verstand mich bis in mein Herz hinein. Der hielt mich einfach fest. Der hatte keinen Ekel vor meinen eiternden Beulen und meinem Aussehen, keine Angst vor meinen Gefühlen und der Begegnung mit meinem verkorksten Leben. Der nahm mich einfach so hin.

Da war einmal einer auf meiner Seite! Ich merkte, wie der richtig wütend wurde – aber nein! Nicht auf mich! Nein, der wurde wütend, als er meine Geschichte hörte. ›Was hat man nur mit dir gemacht! Und wie konntest du das mit dir machen lassen! Du bist völlig in Ordnung! Du bist liebenswert, Joram!‹

Und er stand auf und zog mich auch hoch und nahm mich wieder in den Arm. Und ich durfte mich noch mal ausheulen. Wie oft hätte ich mir das von meinem Vater oder meiner Mutter so gewünscht. ›Den als Vater haben‹, habe ich gedacht. Ich überlegte schon, ob ich wohl einfach bei ihm bleiben könne. Ich wollte ihn gar nicht wieder loslassen. Ich fühlte mich so wohl in dieser Geborgenheit, die ich so lange vermisst hatte.

Doch dann sagte er: ›Du bist wirklich in Ordnung, Joram. Ich mag dich so, wie du bist. An dir gibt es nichts *auszusetzen*, selbst wenn du deine Schwächen und Fehler hast wie jeder andere auch! Aber nun komm wieder auf deine eigenen Beine! Nimm dein Leben selbst in die Hand! Du bist längst nicht mehr nur der kleine Junge, der Zärtlichkeit und Geborgenheit braucht. Du bist auch ein Erwachsener mit Kraft und Selbstbewusstsein. Und deshalb geh nun zu den Priestern, damit sie deine Gesundheit bestätigen! Tritt ihnen selbstbewusst entgegen! Zeig dich ihnen! Lass dich von keinem mehr rauswerfen! Du hast ein Recht dazuzugehören. Gott nimmt dich an, und deshalb hat auch kein Mensch das Recht, dich rauszuschmeißen. Lass dir nicht alles so unter die Haut gehen! Sei ruhig auch mal wütend auf die, die dir etwas antun! Lass nicht alles mit dir machen und wehr dich!‹

Ich merkte, wie ich innerlich stark wurde. Ich merkte: Ich brauche die Krankheit nicht mehr als Ausweg für meine Probleme. Ich kann mich auch als Gesunder wehren gegen das, was andere über mich sagen oder denken. Ich war richtig befreit. Aufrecht ging ich zum Tempel.

Dass die Haut glatt war, ist für mich eigentlich das kleinere Wunder. Das Wichtigste ist eigentlich, dass ich innerlich geheilt bin und mit mir selbst in Frieden lebe. Im Tempel habe ich Gott gedankt dafür, dass er mich liebt. Dass er mich annimmt und zu mir steht. Denn das ist mir auf dem Weg dorthin klar geworden: In diesem Wanderprediger, in diesem Jesus ist Gott mir begegnet.«

Joram ist am Ende seiner Geschichte. Rahel hat zugehört. »Ich wusste nie, was in dir vorgegangen ist. Was hast du jetzt vor?« »Wenn es geht, möchte ich eine Zeit hier bei dir wohnen; und dann will ich woanders leben, wo man mich nicht so kennt, wie ich mal war.« »Wird das gut gehen, dass wir zusammen wohnen?«

»Ich glaube: Ja«, meint Joram. »Vielleicht bin ich nicht mehr so unterwürfig wie früher, denn ich werde es in Zukunft sagen, wenn mich jemand verletzt. Ich werde mich wehren, wenn jemand über mich verfügen will. Ich werde nicht alles schlucken und mich nicht immer anpassen. Vor allem für meine Selbstachtung werde ich kämpfen wie ein Löwe.«

»Schön«, schmunzelt Rahel, »das zu lernen würde mir auch nicht schaden. Du bist mir herzlich willkommen!«

Jeder braucht Freunde
Markus 2. 1-12

1 Und nach einigen Tagen ging er wieder nach Kapernaum; und es wurde bekannt, dass er im Hause war.

2 Und es versammelten sich viele, so dass sie nicht Raum hatten, auch nicht draußen vor der Tür; und er sagte ihnen das Wort.

3 Und es kamen einige zu ihm, die brachten einen Gelähmten, von vieren getragen.

4 Und da sie ihn nicht zu ihm bringen konnten wegen der Menge, deckten sie das Dach auf, wo er war, machten ein Loch und ließen das Bett herunter, auf dem der Gelähmte lag.

5 Als nun Jesus ihren Glauben sah, sprach er zu dem Gelähmten: »Mein Sohn, deine Sünden sind dir vergeben.«

6 Es saßen da aber einige Schriftgelehrte und dachten in ihren Herzen:

7 »Wie redet der so? Er lästert Gott! Wer kann Sünden vergeben als Gott allein?«

8 Und Jesus erkannte sogleich in seinem Geist, dass sie so bei sich selbst dachten, und sprach zu ihnen: »Was denkt ihr solches in euren Herzen?

9 Was ist leichter, zu dem Gelähmten zu sagen: ›Dir sind deine Sünden vergeben‹, oder zu sagen: ›Steh auf, nimm dein Bett und geh umher?‹

10 Damit ihr aber wisst, dass der Menschensohn Vollmacht hat, Sünden zu vergeben auf Erden – sprach er zu dem Gelähmten:

11 ›Ich sage dir, steh auf, nimm dein Bett und geh heim!‹«

12 Und er stand auf, nahm sein Bett und ging alsbald hinaus vor aller Augen, so dass sie sich alle entsetzten und Gott priesen und sprachen: »Wir haben so etwas noch nie gesehen.«

Nennen wir ihn Jeria. Jeria ist stark. Er hat Kräfte, denn er arbeitet im Hafen von Kapernaum am See Genezareth. Aber Jeria hat auch andere Stärken: Er hat ein großes Herz. Seit Jahren schon hilft er einem seiner langjährigen Freunde: Perez heißt er, und Perez hat die Gicht. Vor Jahren hat es in den großen Zehen angefangen, und inzwischen sind alle seine Gelenke geschwollen und gerötet. Er kann sich kaum bewegen. Die Gelenke tun ihm weh. An Laufen ist nicht zu denken.

Immer wieder holt Jeria sich ein paar Freunde zusammen, und dann tragen sie Perez morgens hinaus aus seiner Hütte. Sie bringen ihn an einen guten Platz in der Stadt, wo es etwas zu sehen gibt. Dieser oder jener spricht ihn an, und von manchen, die vorbeigehen, bekommt er ab und an auch etwas geschenkt: Geld oder eine Kleinigkeit zu essen. Mancher Fischer gibt ihm einen Fisch, wenn das Netz gut gefüllt gewesen ist. Oder die Marktschreierin schenkt ihm etwas Obst, das vom Verkauf übrig geblieben ist.

Im Laufe seiner Krankheit hat Perez sich verändert. Es fällt ihm schwer, immer wieder Hilfe von anderen zu erbitten oder auch nur anzunehmen. Er hat das Gefühl, für nichts zu taugen und den anderen zur Last zu fallen. Im Laufe der Jahre hat er sich eine gewisse Unterwürfigkeit angewöhnt. Er will nicht stören, und so liegt er ziemlich still dort im Schatten und kauert sich klein und unauffällig zusammen.

Die äußere Lähmung hat auch sein Inneres ergriffen. Auch seine Seele ist durch die Erfahrung der Krankheit allmählich erstarrt und gelähmt geworden. Manchmal sagt er sogar: »Es wäre doch für alle besser, wenn es mich nicht mehr gäbe.« Perez steht mit sich selbst auf Kriegsfuß und sinkt im Lauf der Zeit immer mehr in sich zusammen.

Als Jeria ihn an diesem Morgen wieder zusammen mit drei Freunden zu Hause abholt, kommen sie an einem Menschenauflauf vorbei. Viele drängen sich um den Eingang eines Hauses. »Da drin ist ein Wunderheiler«, flüstert ihm jemand zu. »Er erzählt von Gott.« »Was sagt er denn?«, fragt Jeria leise zurück. »Dass Gott es mit jedem Menschen gut meint und niemanden wegstößt.«

»Gott meint es mit *jedem* Menschen gut und stößt keinen weg?«

Über solche Fragen hat sich Jeria schon oft den Kopf zermartert. Er hat überlegt, warum Gott Perez wohl mit dieser Krankheit bestraft hat. Warum hat er ihm die vielen Schmerzen geschickt? Warum hat er ihm die Möglichkeit genommen, zu arbeiten und sein Leben normal zu leben? Jeria hat so manche Nacht darüber gegrübelt, ob Gott wohl böse auf Perez ist oder ob er ihn einfach nur vergessen hat. Er hat darüber nachgedacht, ob Perez wohl irgendetwas Schlimmes getan hat, von dem keiner etwas weiß. Es muss doch irgendeinen Grund geben für sein Schicksal, oder? Wo bliebe sonst die Gerechtigkeit?

Und nun behauptet der Wunderheiler in diesem Haus: »Gott meint es mit *jedem* Menschen gut und stößt keinen weg?«

Diese Gedanken sind so ganz anders und neu! Wenn das stimmt, könnte es seinem Freund helfen. Es könnte ihm helfen, ein Stück Lebensmut zu gewinnen. Es könnte ihm helfen, etwas Selbstachtung zu bekommen. Vielleicht könnte ihn dieser Mann sogar körperlich gesund machen? Für Jeria ist es völlig klar: Zu diesem Menschen muss er seinen Freund Perez hinbringen. Aber wie? Das Haus ist gerammelt voll. Nicht einmal bis zur Tür kann man kommen, weil die Leute dicht gedrängt stehen. Diese Botschaft tut wohl jedem gut: »Du bist so angenommen, wie du bist. Gott verurteilt dich niemals. Er ist dir immer nah und steht zu dir. Du bist ihm wichtig.«

Die Menschen, die diese Worte hören, wollen sich nicht wegdrängen lassen. Aber auch Jeria gibt nicht auf. Außen am Haus führt eine Treppe auf das Flachdach. Diese Dachterrasse nutzt man, um Wäsche oder Lebensmittel in der Sonne zu trocknen. In der Kühle der Nacht schläft man dort oben mitunter auch besser als drinnen im Haus. Wenn man bei diesen Häusern den Lehmboden der Dachterrasse vorsichtig abträgt, stößt man darunter auf eine Schilfmatte, die wiederum durch Hölzer gehalten wird.

Werkzeug und ein paar Schiffstaue haben die vier Freunde schnell vom Hafen geholt, und nun öffnen sie vorsichtig das Dach. Perez liegt auf seiner Trage und wird gar nicht erst gefragt. Er ist still wie immer. Ihm ist wohl eher mulmig zumute. Schon auf der Treppe hat er sich mit seinen schmerzenden Händen gut festhalten müssen, weil seine Liege ziemlich ins Schwanken geraten ist.

Als das Loch groß genug ist, befestigen die Freunde vier Seile an den Griffen der Trage und lassen ihn langsam herunter. Warum tun sie das mit ihm? Er könnte abstürzen, und dann wäre alles noch viel schlimmer. Außerdem mag er sich in seinem Elend auch nicht in den Mittelpunkt dieser Menschenmenge stellen lassen. Alle sehen ihn. Alle riechen, dass seine Liegematte stinkt. Man könnte ihm vorwerfen, dass er sich vor alle anderen drängelt. Er möchte nicht stören, sondern lieber unauffällig im Hintergrund bleiben.

Doch Perez ist es nicht gewöhnt, sich zu wehren. Er lässt immer alles mit sich machen, was andere wollen. Das hat er in den Jahren seiner

Hilflosigkeit gründlich gelernt. Also sagt er nichts und schließt lieber die Augen, als seine Freunde ihn abseilen.

Und nun spürt er, wie er getragen und gehalten wird. Sie lassen ihn nicht fallen. Er kann seinen Freunden vertrauen. Ganz sorgfältig gehen sie mit ihm um. Er muss ihnen wohl wirklich wichtig sein, wenn sie sich solche Mühe um ihn geben. Er wird es ja niemals wieder gutmachen können, denn Perez hat keine Schätze, sondern er lebt von der Hand in den Mund.

Als Perez unten sanft gelandet ist und seine Augen wieder öffnet, stellt er mit Erstaunen fest, dass die Menschen für ihn Platz gemacht haben. Er darf sich Raum nehmen mitten unter ihnen! Er ist genauso wichtig wie jeder Gesunde. Und alle um ihn herum sind genauso bedürftig wie er selbst.

Das ist eine schöne Erfahrung für Perez: Trotz seiner Krankheit gehört er mitten hinein in eine Gemeinschaft. Die Leute schauen ihn freundlich an. Oft hat Perez seine Mitmenschen sonst anders erlebt, aber dieser Wunderheiler Jesus strahlt so viel Freundlichkeit aus, dass sie sich ähnlich wie er verhalten. Seine Worte scheinen die Menschen tief berührt und verändert zu haben.

Und dieser Jesus lässt sich durch ihn, durch Perez, stören. Er unterbricht seine Rede und lächelt ihn auf seiner Liege an. Dann wendet er seinen Blick nach oben und hebt seine Hände in Richtung seiner Freunde so, als wollte er sagen: »Alle Achtung! Das habt ihr toll gemacht! Ihr habt wirklich Ideen und lasst euch nicht unterkriegen, wenn ihr eurem Freund helfen wollt!«

Nun schaut Jesus wieder Perez in aller Ruhe an und schenkt ihm seine ganze Aufmerksamkeit, als wäre außer ihnen niemand hier.

Nun spricht Jesus ihn an: »Mein Sohn«, sagt er. Perez zuckt ein wenig zusammen. Wie Blitze schießen ihm die Gedanken durch den Kopf: »So wichtig bin ich ihm? So wichtig wie ein eigenes Kind? So nah fühlt er sich mir? Was ist heute nur los? Meine Freunde legen sich für mich ins Zeug, und jetzt ist da noch jemand, der mich total wichtig nimmt. Das gibt's doch gar nicht!«

Staunend hört Perez weiter zu, was ihm Jesus sagt: »Es gibt nichts, was dich von Gott trennen kann. Er hat dich nicht vergessen. Kein Mensch ist ihm wichtiger als du. Er hat dich gern, so wie ein guter Vater sein Kind gern hat. Du darfst auf seine Liebe trauen. Und so, wie du bist, bist du ihm recht! Du musst nicht anders sein und nichts mit dir herumschleppen, was deine Seele schwer macht.«

Oben auf dem Dach liegt Jeria auf seinem Bauch am Rande der Dachöffnung und hört gebannt zu. Sein Kopf arbeitet auf Hochtouren: Wenn Perez so in Ordnung ist, wie er ist, dann kann seine Krankheit keine Strafe sein. Dann ist jeder Kranke genauso wertvoll wie ein Gesunder. Dann hängt der Wert eines Menschen nicht davon ab, wie viel er leisten kann. Wenn Gott meinen Freund Perez wie sein eigenes Kind mag, dann kann der nicht überflüssig sein oder gar eine Last.

Aber welchen Sinn soll diese schmerzhafte Krankheit haben? Wenn Perez ihm wichtig ist, warum merkt Gott dann nicht, wie sehr er darunter leidet? Warum hilft er ihm nicht? Warum lässt er das zu?

Als Jeria wieder hinunterschaut, sieht er, dass Perez nicht mehr so in sich zusammengesunken ist wie sonst. Die Zuwendung und die Worte scheinen ihn gestärkt und aufgerichtet zu haben. Seine innere Lähmung und Resignation sind durchbrochen. Es kommt wieder Bewegung in seine Gedanken. Er gewinnt Mut und Selbstvertrauen. Er erwartet wieder etwas vom Leben und traut Gott zu, dass er ihm Kraft gibt. Er ist innerlich gewachsen, und das sieht man ganz deutlich auch äußerlich. Er wagt es nun sogar, seine Muskeln anzuspannen und sich aufzurichten. Und es geht! Perez kommt wieder auf seine eigenen Füße und gewinnt seine Selbständigkeit zurück. Das ist ein Wunder, auch, wenn Jeria sich durchaus eine Erklärung dafür denken kann.

Nun ist Jeria sehr gespannt, wie diese Geschichte weitergehen wird. Was wird dieser Jesus als Gegenleistung für seine Hilfe erwarten? Geld oder ein frommes, dankbares Bekenntnis von Perez? Erwartet er, dass Perez jetzt an ihn glaubt und als Jünger mit ihm durch die Lande zieht? Wird er ihn wenigstens zum Tempel schicken für ein Dankopfer?

Doch nichts dergleichen geschieht. Jesus lässt ihn einfach gehen und sein Leben so gestalten, wie er es möchte. Er verlangt keine Dankbarkeit, keinen Glauben. Seine Liebe ist ein Geschenk und mit keiner Bedingung verbunden.

Jeria rutscht auf dem Dach ein wenig von der Öffnung fort, bevor er aufsteht und die Treppe hinunterhüpft, um Perez an der Tür zu erwarten. Er freut sich doppelt: Zum einen, weil sein Freund gesund geworden ist und selbstständig auf seinen eigenen Beinen stehen kann; zum anderen aber auch deshalb, weil Jeria diese menschenfreundliche Botschaft auch für sich selbst mitgenommen hat: »Du bist so angenommen, wie du bist. Gott verurteilt dich niemals. Er ist dir immer nah und steht zu dir. Du bist ihm wichtig.«

Die verrückten Bauern
Markus 4. 26-29

26 Und er sprach: »Mit dem Reich Gottes ist es so, wie wenn ein Mensch Samen aufs Land wirft
27 und schläft und aufsteht, Nacht und Tag; und der Same geht auf und wächst – er weiß nicht, wie.
28 Denn von selbst bringt die Erde Frucht, zuerst den Halm, danach die Ähre, danach den vollen Weizen in der Ähre.
29 Wenn sie aber die Frucht gebracht hat, so schickt er alsbald die Sichel hin; denn die Ernte ist da.«

Ich habe einen Traum: Ich gehe auf einem Feldweg und komme an verschiedenen Äckern vorbei.
Zuerst ist da ein Acker, auf dem der Bauer verzweifelt auf seinen Knien herumrutscht und ganz gehetzt wirkt. Ich frage den Bauern: »Was tust du da?« »Ich sorge dafür, dass mein Korn gut wachsen kann. Ich mache die Erde über den Hälmchen locker, damit sie es leichter haben, aus der Erde zu kommen. Ich ziehe ein bisschen an ihnen, damit sie leichter und schneller wachsen können. Aber nun lass mich in Ruhe! Ich muss weiterarbeiten, sonst werde ich nicht fertig. Die ganze Nacht habe ich schon durchgearbeitet.«

Als ich mir den Acker anschaue, sehe ich überall kleine Hälmchen aus dem Boden schauen, doch die meisten sind schlapp und vertrocknen gerade. Durch das Ziehen sind die haarfeinen Würzelchen abgerissen. Andere hat der Bauer mit seinen Knien und Schuhen zerdrückt.

Ich denke: »So ein Verrückter! Er macht sich Arbeit ohne Ende. Lange wird seine Gesundheit das nicht mitmachen, und mit all seiner Arbeitswut wird er nur das Gegenteil von dem erreichen, was er will. An eine ordentliche Ernte wird hier nicht zu denken sein.«

Im Traum gehe ich weiter. Als Nächstes finde ich einen Acker, auf dem nichts als etwas Unkraut wächst. Der Bauer dieses Ackers kommt gerade vorbei. Er schüttelt nachdenklich den Kopf und will gerade wieder gehen. »Warum schüttelst du den Kopf? Was ist los mit deinem Acker?« »Ich weiß es auch nicht! Gott ist ziemlich ungerecht! Bei den anderen schauen schon überall die Hälmchen raus, und bei mir lässt er nichts wachsen! Dabei habe ich ihm doch gar nichts Böses getan!« Ich frage: »Könnte es vielleicht auch an etwas anderem liegen? Hast du vielleicht nicht gut gepflügt?« »Gepflügt? Nein, das habe ich nicht gemacht.« »Hast du denn vernünftig gedüngt?« »Gedüngt habe ich auch nicht.« »Hast du denn gutes Saatgut genommen zum Säen?« »Nein, ich habe ja nicht gesät.«

Ich denke: »So ein Verrückter! Er tut nichts; er sät nicht; und dann wundert er sich, dass nur Unkraut wächst.«

Ich gehe weiter. Ich sehe einen Acker, auf dem ein großes, gläsernes Gewächshaus steht mit einer Berieselungsanlage, automatischen Jalousien, künstlicher Beleuchtung und vollautomatischer Kunstdüngung. Dort haben die Halme schon ihre volle Höhe erreicht. Der Bauer – oder besser gesagt: der Diplom-Agrarökonom – sitzt vor dem Computerbildschirm. »Noch dreiundzwanzig Sekunden bis zur Ernte«, meint er, als ich hereinkomme. »Damit liege ich zwei Monate vor allen anderen und bekomme den doppelten Preis für das frische Getreide! Das ist die neueste genmanipulierte Züchtung, und sie müsste den dreifachen Ertrag vom Üblichen bringen!« Und schon läuft die Erntemaschine an – natürlich vollautomatisch. Es wird geschnitten; das Stroh wird gleich zu Ballen gepresst. Die Ähren werden gedroschen ... gedroschen ... gedroschen ... aber nichts kommt heraus.

Ich denke: »So ein Verrückter! Der kommt sich schlauer vor als der Herrgott und sperrt mit dem Glashaus den Wind aus, der zur Bestäubung gebraucht wird. Wenn er auf die Idee kommt und dafür nächstes

Jahr einen Ventilator einbaut, wird er vielleicht feststellen müssen, dass sein Kunstprodukt Allergien auslöst!«

In meinem Traum gehe ich weiter. Vor mir taucht ein Acker auf, auf dem Getreide wächst. Im Großen und Ganzen ist es ein schönes Feld – nur eine Ecke ist kahl. Dort kommt ein Fels an die Oberfläche, und der Boden gibt nichts her. Der Bauer sitzt gerade in dieser felsigen Ecke seines Feldes. Er sieht nicht die wachsende Pracht hinter sich, sondern er starrt auf die kahle Ecke. Er gießt den Felsen und streut immer wieder Dünger drauf. Dabei weint er herzzerreißend.

»Warum weinst du?« »Nichts wächst hier! Nichts!«, schluchzt er. »Ich gieße und dünge und säe immer wieder, und nichts wächst.« »Aber hinter dir wächst und gedeiht alles gut. Nur diese Ecke ist kahl. An der kannst du wohl nichts ändern.« »Wenn hier nichts wächst, dann kann mir der Rest auch gestohlen bleiben«, meint der Bauer und weint, ohne sich umzuschauen.

Ich denke: »So ein Verrückter! Kann nicht akzeptieren, dass fast jeder Acker seine guten und seine schlechten Seiten hat. Er ist unglücklich, wenn nicht alles perfekt ist.«

Ich träume weiter. Zum Schluss finde ich einen Acker, auf dem Getreide wächst. Dazwischen findet sich auch etwas Unkraut. An einzelnen Stellen ist es ein bisschen kahler, aber der Großteil der Fläche gedeiht. Der Bauer kommt gerade vorbei. Ein prüfender Blick; ein Griff nach einem Halm. Zufrieden pfeift er vor sich hin und grüßt mich freundlich. Er scheint genügend Zeit für meine Frage zu haben:

»Was macht dich so fröhlich?« »Warum sollte ich nicht fröhlich sein? Heute habe ich viel Zeit für mich. Ich habe gepflügt, geeggt, gedüngt, gesät, und nun kann ich es bis zur Ernte ruhiger angehen lassen. Ich muss nicht alles haben, was andere haben; lieber genieße ich bei aller Arbeit auch mein Leben. Zeiten, in denen ich kräftig zupacken muss, kommen schon wieder früh genug.« Und er schaut in die Sonne, zeigt mir einen schönen Schmetterling auf der roten Mohnblume, pflückt sich eine blaue Kornblume und steckt sie sich ans Knopfloch.

»Mal einer, der nicht verrückt ist – oder doch?«, denke ich. Und kurz, bevor ich aus meinem Traum erwache, fällt mir auf, dass alle fünf Bauern so ausgesehen haben wie ich selbst ...

Ruth weint Tränen aus Blut
Markus 5. 24-34

24 Und es folgte ihm eine große Menge, und sie umdrängten ihn.
25 Und da war eine Frau, die hatte den Blutfluss seit zwölf Jahren
26 und hatte viel erlitten von vielen Ärzten und all ihr Gut dafür aufgewandt; und es hatte ihr nichts geholfen, sondern es war noch schlimmer mit ihr geworden.
27 Als die von Jesus hörte, kam sie in der Menge von hinten heran und berührte sein Gewand.
28 Denn sie sagte sich: »Wenn ich nur seine Kleider berühren könnte, so würde ich gesund.«
29 Und sogleich versiegte die Quelle ihres Blutes, und sie spürte es am Leibe, dass sie von ihrer Plage geheilt war.
30 Und Jesus spürte sogleich an sich selbst, dass eine Kraft von ihm ausgegangen war, und wandte sich um in der Menge und sprach: »Wer hat meine Kleider berührt?«
31 Und seine Jünger sprachen zu ihm: »Du siehst, dass dich die Menge umdrängt, und fragst: Wer hat mich berührt?«
32 Und er sah sich um nach der, die das getan hatte.
33 Die Frau aber fürchtete sich und zitterte, denn sie wusste, was an ihr geschehen war; sie kam und fiel vor ihm nieder und sagte ihm die ganze Wahrheit.
34 Er aber sprach zu ihr: »Meine Tochter, dein Glaube hat dich gesund gemacht; geh hin in Frieden und sei gesund von deiner Plage!«

Ruth und Hanna sind Freundinnen. Sie treffen sich immer beim Brunnen am Waschplatz. Jede schrubbt ihre Wäsche, und dabei können sie sich schön über alle Neuigkeiten austauschen – von Frau zu Frau. Ruth hat immer mehr zu waschen als Hanna: blutige Binden. Ruth ist krank.
Es hat vor vielen Jahren angefangen: Sie hatte wohl nicht den idealen Ehemann erwischt. Wenn er mit ihr schlief, sah er nur zu, dass er auf seine Kosten kam. Was sie dabei erlebte, war ihm ziemlich egal. Er war der Mann im Haus. Die Frau hatte ihre eheliche Pflicht zu erfüllen. Ob es ihr weh tat oder ob sie auch ihre Freude hatte, das kümmerte ihn nicht.

Frau sein war für Ruth in dieser Beziehung nichts Schönes. Sie fühlte sich nicht respektiert, sondern nur benutzt wie ein Gegenstand. Ihre Lebenskraft schwand zuerst innerlich. Und eines Tages meldete sich dann auch Ruths Körper. Die Monatsblutung kam nicht zum Stillstand. Immer weiter blutete sie, als würde sie innerlich weinen.

Zunächst fand sie es gar nicht so unpraktisch. Solange sie blutete, hatte sie Ruhe vor ihm. Wenn die Frau blutete, durfte der Mann nicht mit ihr schlafen – das schrieb die Religion so vor. So hatte sie Ruhe und konnte etwas Abstand halten. Allerdings schränkte die Sache auch ihre anderen Kontakte ein. Sie durfte nicht in die Synagoge gehen. Sie durfte andere nicht berühren. Sie musste allen, die ihr begegneten, zurufen: »Ich bin unrein!« Unreinheit galt als ansteckend. Deshalb mied man sie.

Natürlich ging sie zum Arzt. Als der nicht helfen konnte, suchte sie einen anderen. Sie ließ die Priester für sich beten. Sie lief zu Scharlatanen und Quacksalbern. Sie probierte alles, was es gab – doch nichts half. Ihr Bauch weinte weiter seine Blutstränen, und niemand konnte ihr helfen.

Als es klar war, dass sie wohl nicht mehr gesund würde, zogen sich immer mehr Freunde zurück. Sie wollten sich nicht anstecken. Sie meinten, dass Ruth irgendetwas auf dem Gewissen haben müsse, wofür Gott sie strafe. Sie mochten auch ihr Elend nicht mit ansehen. Ruth war nicht mehr anziehend für sie, denn ihr Lachen war ihr vergangen.

Das Schlimmste war, dass ihr Mann sie verließ. »Du bist keine richtige Frau mehr!«, sagte er. »Ich kann nicht mehr mit dir schlafen. Kinder wirst du mir nicht gebären. Durch deine ewige Bluterei bist du zu schwach zum Arbeiten. Du kostest mich jede Menge Geld für deine Arztbesuche. Was soll ich noch mit dir?«

Ruth ist aufgegeben. Sie ist ein hoffnungsloser Fall. Die Krankheit hat ihr Leben umgeworfen. Man schaut auf sie herab. Sie scheint nur noch eine Last zu sein. Isoliert und einsam vegetiert sie vor sich hin. Ihre Freundin Hanna ist ihr noch geblieben. Immer am gleichen Tag kommen sie zum Waschen an den Brunnen. Drei Meter Abstand halten sie voneinander. So kann sich Hanna nicht anstecken. Bei ihr kann Ruth von sich erzählen. Hier kann sie ihre Sorgen, ihre Verzweiflung und ihre Resignation abladen. Hier darf sie sogar weinen, und Hanna hält das aus. Und Hanna kann von sich und ihrem Leben erzählen. Ruth hört so gut zu und versteht so Vieles wie kaum jemand anders.

Heute hat Hanna wieder Neuigkeiten auf Lager: »Mein Bruder hat im Nachbardorf einen Wunderheiler mit dem Namen Jesus gesehen. Er muss bald hier vorbeikommen. Viele Menschen ziehen mit ihm, und er soll welche gesund gemacht haben.« Wie oft schon hat Ruth in all den Jahren auf ein Wunder gehofft; auf Heilung ihres Leidens. Aber nun hat sie kein Geld mehr, das sie dem Heiler anbieten könnte. Sie kann seine Aufmerksamkeit nicht durch Attraktivität auf sich lenken, denn sie ist ausgemergelt und hohlwangig geworden. Der ständige Blutverlust hat an ihr gezehrt. Dieser Mann würde sie nicht beachten. Soll sie sich in ihrem Zustand vor ihn stellen und ihn ansprechen? Völlig unmöglich! Die vielen Kränkungen und Verletzungen der letzten Jahre sitzen tief in ihr. Aber wenn dieser Mann wirklich Gottes Kraft hat, dann könnte auch eine kleine Berührung helfen. Nur seine Kleider anfassen – das kostet nichts und macht kein Aufsehen. »Wenn ich ihn heimlich von hinten berühre, muss ich mir keine Abfuhr holen. Und wenn es wieder einmal nicht klappt mit der Heilung, dann wird der Wunderheiler mir nicht wie die anderen obendrein noch Vorwürfe machen, dass das nur an mir liegen könne, wenn seine Wunder nicht wirken«, denkt Ruth.

Ruth lässt ihre Wäsche stehen und läuft Jesus entgegen. Sie muss ihn noch dort erwischen, wo sie niemand kennt. Die Bewohner ihres Dorfes würden sie ja wegschicken, weil sie unrein ist.

Es ist nicht schwer, Jesus und seine Anhänger zu finden. Viele wollen etwas von ihm. Sie sind neugierig, etwas von dem Meister zu hören. Ruth mischt sich unter die anderen Menschen und arbeitet sich langsam und unauffällig vor. Sie hört, wie Jesus sagt, dass Gott alle Menschen liebt – auch und gerade die, die auf der Verliererseite stehen. Sie hört, wie Jesus davon spricht, dass Gott ganz andere Maßstäbe hat als wir Menschen. Dass ihm ein kranker Mensch genauso liebenswert ist wie ein gesunder und dass Gott eine Frau genauso wichtig nimmt wie einen Mann. Dass ein armer und unbedeutender Mensch ihm mehr bedeutet als manch berühmter Reicher. Sie hört, dass Gott alle Schwächen und Eigenheiten akzeptiert und sogar persönliche Schuld vergibt. Ja, Gott zieht nicht einmal die Frommen denen gegenüber vor, die es mit ihrer Religion nicht so genau nehmen.

Ruth merkt, dass Jesus wirklich meint, was er sagt. Seine Worte geben ihr Kraft. Wenn das stimmt, was Jesus sagt, dann kann Ruth zu sich stehen und darf so sein, wie sie ist. Sie ist Ruth mitsamt all ihren Problemen, mit ihrer Krankheit, mit ihrer Einsamkeit, mit ihrer Armut, ihrer Verletztheit und Lebensenttäuschung. So, wie sie ist, wird sie geliebt und angenommen? Dieser Mann kann ihr helfen – das spürt Ruth immer deutlicher. Der hat Gottes Kraft. »Auch mein Körper soll sich von ihm berühren lassen«, denkt Ruth – und sie nimmt ihren Finger und berührt ganz vorsichtig und zart von hinten seine Kleidung.

Ja, es hilft. Ruth spürt, dass ihre Wunde sich geschlossen hat. Sie weint nicht mehr mit ihrem Frau-Sein. Sie kann Kraft aufbauen. Sie fühlt sich wieder lebendig. Die Berührung mit Jesus hat ihr immense Kraft gegeben.

Aber sie ist nicht unbemerkt geblieben. Jesus dreht sich um. Er spürt, dass er Kraft abgegeben hat. »Wer hat mich berührt?«, fragt er. Er scheint ein Gespür für sich selbst zu haben und für seine Energien. Er lässt sie nicht einfach so auslaufen, wie Ruth es getan hat.

Seine Begleiterinnen und Begleiter sind erstaunt über seine Frage: »Du fragst, wer dich berührt hat? In dem Gedränge haben dich doch viele berührt.« Aber Jesus hat ein gutes Gespür für sich selbst und lässt sich nicht darin beirren von denen, die zwischen Berührung und Berührung nicht unterscheiden können. »Wer hat mich berührt?« Jesus will die direkte Begegnung.

Ruth zittert vor Angst: Wird dieser Mann sie doch wieder demütigen? Wird er Bezahlung verlangen und das Wunder zurücknehmen, weil sie arm ist? Wird er ihr Vorwürfe machen, weil sie bewusst die Reinheitsvorschriften verletzt hat? Wird er wütend auf sie sein, weil sie sich heimlich von hinten seine Kraft gestohlen hat, statt ihn ordentlich um Hilfe zu bitten?

Ruth merkt, wie ihr Zittern sie verrät. So gibt sie sich zu erkennen. Sie erzählt ihm ihre ganze Geschichte. Sie darf reden, und er hört zu. Sie darf weinen, und er hält es aus. Sie darf ihre Wut und Enttäuschung sagen, und er versteht es. Sie darf ihm sagen, wie Ärzte und andere Männer sie gedemütigt haben, und er unterbricht sie nicht. Nur sie ist ihm jetzt wichtig. Alle Zeit der Welt scheint er für sie zu haben. Und seine ersten Worte bestätigen es ihr: »Meine Tochter«, sagt er. Sie ist ihm so wichtig wie ein eigenes Kind. »Meine Tochter«, das heißt auch: »Du hast in den letzten Minuten etwas von mir geerbt! Ich habe dir etwas von meinem Innersten, von meinem Wesen mitgegeben.«

Jesus fährt fort: »Du hast dir selbst geholfen, indem du Gottes Botschaft vertraust. Du hast dir geholfen, denn jetzt weißt du: Du bist wertvoll und liebenswert – so, wie du bist. Schließe mit dir selbst Frieden! Du darfst für dich sorgen und musst nicht alles tun, was andere von dir erwarten. Du darfst ›Nein‹ sagen. Kein Mensch – auch kein Ehemann – hat das Recht, Gefügigkeit von dir zu fordern. Trage deinen Kopf oben und lass deine Lebenskraft nicht einfach so weglaufen. Sei frei und lebe!«

Eine schwere Nacht
Markus 14. 32-42

32 Und sie kamen zu einem Garten mit Namen Gethsemane. Und er sprach zu seinen Jüngern: »Setzt euch hierher, bis ich gebetet habe.«

33 Und er nahm mit sich Petrus und Jakobus und Johannes und fing an zu zittern und zu zagen

34 und sprach zu ihnen: »Meine Seele ist betrübt bis an den Tod; bleibt hier und wachet!«

35 Und er ging ein wenig weiter, warf sich auf die Erde und betete, dass, wenn es möglich wäre, die Stunde an ihm vorüberginge,

36 und sprach: »Abba, mein Vater, alles ist dir möglich; nimm diesen Kelch von mir; doch nicht, was ich will, sondern was du willst!«

37 Und er kam und fand sie schlafend und sprach zu Petrus: »Simon, schläfst du? Vermochtest du nicht, eine Stunde zu wachen?

38 Wachet und betet, dass ihr nicht in Versuchung fallt! Der Geist ist willig; aber das Fleisch ist schwach.«

39 Und er ging wieder hin und betete und sprach dieselben Worte

40 und kam zurück und fand sie abermals schlafend; denn ihre Augen waren voller Schlaf, und sie wussten nicht, was sie ihm antworten sollten.

41 Und er kam zum dritten Mal und sprach zu ihnen: »Ach, wollt ihr weiter schlafen und ruhen? Es ist genug; die Stunde ist gekommen. Siehe, der Menschensohn wird überantwortet in die Hände der Sünder.

42 Steht auf, lasst uns gehen! Siehe, der mich verrät, ist nahe.«

Der Garten Gethsemane in Jerusalem – das ist ein Hain mit Olivenbäumen. Ein wenig trockenes Gras findet sich dazwischen. Die Grillen zirpen. Der Abend ist lau. Sehr schnell geht die Sonne unter. Innerhalb weniger Minuten ist es dunkel hier in Jerusalem.

Immer, wenn Simon Petrus wieder einmal dorthin kommt, erinnert er sich an diesen Abend:

»Wir haben zusammen gegessen. Eigentlich sollte es ein Festessen werden, aber irgendwie ist es heute bedrückend gewesen. Jesus, unser Meister, hat merkwürdige Dinge gesagt. Unheimlich ist mir dabei geworden und beklommen ums Herz. Er hat sehr dunkle Andeutungen gemacht, als hätte er Angst zu sterben. Dann war da plötzlich ein unerklärliches Misstrauen seinerseits, das ich vorher nicht von ihm kannte. Er meinte, einer von uns würde ihn verraten, und wir würden uns alle an ihm ärgern. Ich dachte: ›Wie kommt er nur darauf? Es gibt doch keinen Streit! Einer wie der andere würde doch für ihn durchs Feuer gehen!‹

Ich wollte ihm Mut machen und habe es dann ausgesprochen: ›Du kannst ruhig Vertrauen zu mir haben. Ich geh mit dir durch dick und dünn. Und die anderen stehen genauso hinter dir wie ich!‹

Seine Antwort fand ich ziemlich verletzend, als er zu mir meinte: ›Heute Nacht noch wirst du so tun, als würdest du mich nicht kennen.‹ Wie konnte er so etwas sagen? Wir haben uns doch bewusst für ihn entschieden und sind lange mit ihm durch die Gegend gezogen. Wir haben zu ihm gehalten, obwohl es manche Auseinandersetzung mit den Frommen im Lande gegeben hat. Ich bin nicht einfach so ein Mitläufer. Ich weiß, woran ich glaube. Dazu stehe ich auch. Da mag kommen, was will.

Und jetzt sind wir nach dem Essen in diesen Garten gegangen. Uns, seine drei engsten Freunde, nimmt Jesus mit. Er scheint etwas Wichtiges zu sagen zu haben. Es muss etwas sein, das ihm selbst Probleme macht. Er mag sich wohl nicht allen damit zeigen. Es tut gut, doch noch ein Stück besonderes Vertrauen von ihm zu spüren – nach all dem Misstrauen, das er geäußert hat. Nach dem heutigen Abend ahne ich schon, dass da ein belastendes Gespräch auf uns zukommen wird.

Es scheint Jesus wirklich schlecht zu gehen. Er zittert am ganzen Körper. Er weint. Er spricht von seiner Angst zu sterben. Ich verstehe das alles nicht so recht. Wie kommt er darauf? Ob er wirklich Grund hat? Ob er sich nicht vielleicht in eine fixe Idee hineinsteigert?

Ich möchte ihm helfen, aber ich fühle mich total hilflos. Man kann ihn nicht trösten. Neulich, als er schon mal solche Andeutungen gemacht hatte, habe ich gesagt: ›Nun beruhige dich mal wieder! Reg dich nicht auf! Es wird alles gut gehen.‹ Aber da hat Jesus mich richtig angefahren und mir sehr barsch gesagt, ich solle meinen Mund halten. Ablenken und aufheitern lässt er sich wohl nicht. Aber was soll ich nur machen? Ich weiß nicht einmal, wie er darauf kommt, dass alles vorbei sein soll. Es ist so lähmend, nichts unternehmen und nicht helfen zu können! Das Einzige, was ich machen kann, ist warten; warten, ob nun tatsächlich etwas passiert. Aber was? Die Zukunft ist so dunkel wie die Nacht hier. Ich will ihm ja wirklich helfen, aus der Angst herauszukommen, aber wie?

Jetzt will er allein sein. Einerseits will er uns in der Nähe haben. Wir sollen mit ihm wachen. Andererseits braucht er auch ein bisschen Abstand. Das kann ich verstehen. Wenn ich völlig fertig bin, dann brauche ich auch irgendwie beides gleichzeitig: Die Nähe von Freunden – und Für-mich-Sein. Ich muss dann für mich allein weinen können. Und dabei brauche ich jemand, der vielleicht meine Schulter berührt und versteht und schweigt.

Jesus ist ein paar Schritte weit fortgegangen. Er spricht mit seinem Gott. ›Sprechen‹ ist vielleicht der falsche Ausdruck dafür. Er wirft sich auf den Boden. So, wie ich mich manchmal auf mein Bett werfe, ins Kopfkissen schluchze und nur noch zu Gott wimmern kann: ›Lieber Gott, hilf mir! Mach, dass alles wieder gut wird!‹ Wenn ich so bete – wenn das ein Gebet zu nennen ist – wenn ich da liegend um Hilfe und Erbarmen flehe, dann spüre ich, wie klein ich bin und wie ohnmächtig. Ich möchte Gott umstimmen. Ich möchte, dass ein einziges Mal noch alles gut wird, und gleichzeitig komme ich mir ganz klein und schäbig vor. Dann versuche ich wieder vernünftig zu werden und wieder einen Rest von Haltung anzunehmen. Dann sage ich ganz vernünftig und erwachsen: ›Ich weiß ja, Gott, dass ich dir keine Vorschriften machen kann. Das will ich auch nicht. Du wirst es schon richtig machen. Aber könntest du nicht doch diesmal mir noch helfen?‹

Es ist belastend, einen guten Freund so voller Angst leiden zu sehen. Das legt sich lähmend auf mich. Die anderen beiden sagen auch nichts mehr. Dieser Druck ist kaum zu ertragen. Wir drei Freunde können nicht miteinander darüber reden. Jeder starrt vor sich hin oder sieht manchmal verstohlen zu Jesus hinüber. Gerade dieses lähmende Nichtstun strengt mich unheimlich an. Ich krieche in mich selbst zusammen. Ich ziehe mir eine Decke über, weil mich fröstelt. Ich mache die Augen zu. Ich kann es nicht mehr mit ansehen. Ich muss etwas Abstand bekommen, um nicht selbst verrückt zu werden von dieser Angst. Ich will wieder etwas mehr Ruhe finden. Ich werde müde ...

Ich schrecke auf. Habe ich geschlafen? Jesus ist zurückgekommen, und ich lese Enttäuschung auf seinem Gesicht – und auch Vorwurf: Er fühlt sich von uns alleingelassen. ›Der Geist ist willig, aber das Fleisch ist schwach‹, sagt er. Was meint er mit diesem Satz? Und wen meint er damit? Heißt das, dass er mich mit meinem guten Willen und mit meiner Hilflosigkeit versteht? Oder meint er sich selbst? Will er damit sagen, dass er selbst zwar eigentlich gelassen sein möchte und dem Ereignis ruhig entgegen gehen möchte, das er fürchtet, – und dass er dann doch eine riesengroße Angst davor hat? Was mag er gemeint haben?

Er geht wieder. Vielleicht ist er nun noch trauriger wegen seiner Enttäuschung über seine Freunde; über uns; über mich! Er merkt, dass unsere Beziehung irgendwie einen Riss hat. Die Welt, wie er sie erlebt, ist nicht mehr unsere Welt. Er geht wohl jetzt einen Weg, den jeder Mensch allein gehen muss. Aber was sollen wir auch tun? Wenn irgendetwas Konkretes geschähe, dann könnte ich handeln. Kämpfen könnte ich. Aber hier sitzen und warten, ohne zu wissen: Was wird geschehen? Wann wird etwas geschehen? Wird überhaupt etwas geschehen? ...

Es ist mir wirklich peinlich! Ich weiß nicht, was ich dazu sagen soll, dass ich noch einmal eingeschlafen bin. Auch die anderen haben diese Situation nicht ertragen und sind dieser lähmenden Situation entflohen, indem sie abgeschaltet haben und eingeschlafen sind.

Habe ich das nicht schon öfters so gemacht, wenn mir jemand etwas Belastendes erzählen wollte und ich keine Lösungen zur Hand hatten? Da habe ich mitunter einfach abgeschaltet und nicht mehr zugehört. Ich habe dann manchmal einfach von mir etwas erzählt oder irgendwie vom Thema abgelenkt. Oder ich habe mit einer billigen Floskel zu trösten versucht: ›Das wird schon wieder – Kopf hoch!‹ Bei vielen Leuten habe ich auf diese Weise ja auch schnell erreicht, dass sie nicht weiter über ihr Problem geredet haben. Oft habe ich mir dann eingebildet, diesen Menschen geholfen und sie getröstet zu haben. Aber nun spüre ich, dass ich sie damit nur allein gelassen habe. Sie haben dann mir zum Gefallen aufgehört zu sprechen oder das Thema gewechselt: Weil sie gespürt haben, dass ich das nicht aushalte ...

Schon wieder bin ich mit den Gedanken in meiner eigenen Welt gewesen und habe Jesus mit seiner Not ausgeblendet! Da steht er schon wieder vor mir. In ihm scheint eine Änderung vorgegangen zu sein. Seine Enttäuschung hat sich dabei wohl auch in Ärger verwandelt – auch über uns. Verständlich ist das ja. Sarkastisch spricht er uns an: ›Na, seid ihr immer noch nicht ausgeschlafen? Es wird Zeit aufzustehen!‹

Während wir diese Situation nicht ausgehalten haben, hat Jesus sich intensiv mit ihr auseinandergesetzt. Sein Zittern, sein Weinen, sein Gebet, seine Auseinandersetzung mit der Angst haben etwas genützt. Jesus akzeptiert jetzt sein Schicksal und geht aktiv seinen Weg vorwärts. Nicht nur sein Geist ist jetzt willig, sondern auch sein Fleisch ist gestärkt. Er ist gefasst und ist bereit, seinen letzten Weg anzutreten.«

Wie fischt man Menschen?
Lukas 5. 1-11

1 Es begab sich aber, als sich die Menge zu ihm drängte, um das Wort Gottes zu hören, da stand er am See Genezareth
2 und sah zwei Boote am Ufer liegen; die Fischer aber waren ausgestiegen und wuschen ihre Netze.
3 Da stieg er in eines der Boote, das Simon gehörte, und bat ihn, ein wenig vom Land wegzufahren. Und er setzte sich und lehrte die Menge vom Boot aus.
4 Und als er aufgehört hatte zu reden, sprach er zu Simon: »Fahre hinaus, wo es tief ist, und werft eure Netze zum Fang aus!«
5 Und Simon antwortete und sprach: »Meister, wir haben die ganze Nacht gearbeitet und nichts gefangen; aber auf dein Wort will ich die Netze auswerfen.«
6 Und als sie das taten, fingen sie eine große Menge Fische, und ihre Netze begannen zu reißen.
7 Und sie winkten ihren Gefährten, die im andern Boot waren, sie sollten kommen und mit ihnen ziehen. Und sie kamen und füllten beide Boote voll, so dass sie fast sanken.
8 Als das Simon Petrus sah, fiel er Jesus zu Füßen und sprach: »Herr, geh weg von mir! Ich bin ein sündiger Mensch.«
9 Denn ein Schrecken hatte ihn erfasst und alle, die bei ihm waren, über diesen Fang, den sie miteinander getan hatten,
10 ebenso auch Jakobus und Johannes, die Söhne des Zebedäus, Simons Gefährten. Und Jesus sprach zu Simon: »Fürchte dich nicht! Von nun an wirst du Menschen fangen.«
11 Und sie brachten die Boote ans Land und verließen alles und folgten ihm nach.

Eines Abends sitzen Jesu Freunde wieder einmal am Seeufer und schauen hinüber zu den kahlen Bergen auf der anderen Seite. Die Sonne senkt sich hinunter. Stille und Frieden machen sich breit über dem See Genezareth.

»Da drüben liegen immer noch unsere Boote«, sagt Jakobus zu seinem Bruder Johannes.

»Ja, hier hat sich wenig verändert. Alles sieht noch genauso aus, wie es damals war. Nur unser eigenes Leben ist nun ganz anders als damals«, antwortet Johannes. »Erinnerst du dich noch an den Tag, der unser Leben verändert hat? Es begann mit dieser erfolglosen Nacht.«

Simon schaltet sich ein: »Das weiß ich noch, als wenn es erst gestern gewesen wäre: Wir hatten die ganze Nacht gearbeitet – mit allen Tricks. Zuerst hatten wir eine Bucht mit unseren Netzen abgesperrt und dann mit den Holzstampfern auf das Wasser geschlagen. Das knallende Geräusch sollte die Fische der Bucht in Panik versetzen und in unsere Netze treiben. Es hat nicht geklappt. Dann haben wir in der Dunkelheit mit leisen Ruderschlägen die Netze hinter uns hergezogen, um die Fische von hinten zu überfallen. Auch das hat nicht hingehauen. Schließlich haben wir Fackeln angezündet, um sie mit dem Licht anzulocken. Doch kein müder Fisch ließ sich blicken.

Am Morgen war ich ziemlich fertig. Ich war völlig erschöpft und entnervt! Ich zweifelte damals ziemlich heftig an mir selbst. Ich hatte das Gefühl: ›Du kannst nichts; du bist nichts.‹ Ich war mir selbst böse, weil ich offensichtlich zu blöd für meinen Beruf war. Ich brachte wohl nichts mehr. Richtig hilflos kam ich mir vor. Das war ein schreckliches Gefühl.«

Jakobus schaut wieder versonnen auf den Uferstreifen am See Genezareth und erinnert sich: »Dann war da dieser Menschenauflauf am Ufer. Jesus war umringt von den Leuten. Jeder wollte ihn hören und ihm nahe sein. Die in den hinteren Reihen konnten aber kaum etwas verstehen.«

»Deshalb war es ja sehr geschickt, dass er sich dein Boot geliehen hat. Die glatte Wasseroberfläche überträgt die Worte ganz wunderbar. Ein Stück Abstand war da, und so konnten ihn alle sehen und hören.«

»Und wir selbst waren am besten bedient von allen. Wir saßen ja im selben Boot wie Jesus.«

Simon blickt in die untergehende Sonne: »Ich weiß auch noch, wovon er gesprochen hat. Jesus hat gesagt, dass man Gottes Liebe nicht daran erkennen kann, ob man erfolgreich ist oder nicht. Er hat gesagt, dass jemand, der nicht viel kann oder der Misserfolge erlebt, genauso wertvoll und liebenswert ist wie jemand, dem alles gelingt. Er hat gesagt: ›Euer Lebensrecht müsst ihr euch nicht erst verdienen. Euer Leben ist ein Geschenk Gottes.‹«

»Das weißt du noch?«, staunt Johannes.

82

»Ich weiß das deshalb noch so genau, weil diese Worte voll auf mich zutrafen«, antwortet Simon. »Gerade an diesem Morgen fühlte ich mich wie ein Versager. Ich war kurz davor, alles hinzuwerfen, weil mir nichts gelang. Diese Worte haben mich in meiner Verzweiflung ganz tief berührt.«

»Mir ist es auch so ergangen«, schließt sich Jakobus an. »Von Jesus kam mir so viel Respekt entgegen. Ich fühlte mich ernst genommen und musste nichts von mir verbergen. So, wie ich war, war ich ihm recht. Dabei hat Jesus ja nicht einmal mich persönlich angeredet, sondern er hat zu vielen anderen Menschen gleichzeitig gesprochen.«

»Und dann kam ja der Moment, als Jesus seine Ansprache beendet hatte.« Simon stockt etwas, bevor er weiterredet. »Ich war innerlich zerrissen, als er gesagt hat: ›Fahr hinaus auf den See und wirf mit deinen Leuten die Netze zum Fang aus!‹ Auf der einen Seite habe ich gedacht: ›Der versteht nichts vom Fischen! Fische fängst du nur mit Tricks. Wenn Fische das Netz sehen, dann schwimmen sie fort. Es ist unsinnig, jetzt das Netz auszuwerfen. Ich will mir nicht noch mehr Arbeit machen und mich obendrein noch blamieren.‹ Auf der anderen Seite habe ich bei mir gedacht: ›Nach dieser katastrophal schlechten und erfolglosen Nacht kann ich nicht gut den besserwisserischen Fachmann heraushängen lassen. Ich habe ihm im Moment nichts Überzeugendes entgegenzusetzen.‹ Und dann trat ein drittes Gefühl dazu. Ich merkte: ›Dieser Mann versteht etwas von der Welt. Er weiß, wie man Menschen gewinnt. Da wendet er keine miesen Tricks an. Er legt sie nicht herein, sondern er geht offen und einladend auf sie zu. Er bringt ihnen Respekt entgegen und lässt sich auf sie ein. Nun soll ich ohne hinterhältige Tricks die Fische zu mir kommen lassen? Mit offenen Karten spielen?‹ Die Methode erschien mir recht merkwürdig und unsinnig. Ich glaube aber, Jesus hat mich mit seiner Ehrlichkeit und seinem Vertrauen angesteckt. Es ist mir leicht gefallen, mein berufliches Versagen zuzugeben. Ich wollte meinen Zweifel ausdrücken, weil mir sein Vorschlag so wenig Erfolg versprechend vorkam. Zugleich hat es mich aber auch gedrängt, mein persönliches Vertrauen ihm selbst gegenüber auszudrücken.«

Jakobus erinnert sich gut und wendet sich an Simon: »Du hast damals gesagt: ›Herr, wir haben uns die ganze Nacht abgemüht und nichts gefangen. Aber weil du es sagst, will ich die Netze noch einmal auswerfen.‹ Mit diesen beiden Sätzen hast du wirklich viel ausgedrückt. Du hast zu deinem beruflichen Versagen gestanden, hast deine Zweifel kundgetan und gleichzeitig dein persönliches Vertrauen ihm gegenüber ausgedrückt. Und das wurde ja auch nicht enttäuscht!«

Simon lacht: »Die Fische scheinen förmlich auf unsere Netze gewartet zu haben. Man konnte meinen, selbst die Fische wollten möglichst nah an Jesus herankommen.«

»Ich weiß noch, wie sehr sich dein Gesicht in den nächsten Momenten immer wieder verändert hat«, sagt Johannes. »Zuerst hast du nur mit ungläubiger Miene gestaunt und schienst deinen eigenen Augen kaum zu trauen. Kurz danach hast du dich über die vollen Netze ganz unbändig gefreut wie jemand, der das große Los gezogen hat. Dann war für einen Moment lang Überlegenheit in deinem Gesicht zu lesen, so als wolltest du sagen: ›Ich wusste doch immer, dass ich ein guter Fischer bin!‹ Ja – und ein paar Sekunden später schlug das um. Da schien dir die Sache unheimlich geworden zu sein, und du sahst ganz verängstigt aus. Was war das eigentlich, was dich so fertig gemacht hat?«

Simon besinnt sich erst eine ganze Weile, bevor er antwortet: »Ich glaube, ich konnte den Gegensatz zwischen Jesus und mir nicht aushalten. Da war dieser Mensch, der die Leute um sich scharte und zu dem sogar die Fische alle hinschwammen. Er hatte eine ungeheure Anziehungskraft, die auch ich verspürte. Ich konnte spüren, wie er mit Gott im Reinen war und Verbindung zu ihm hatte. Er begegnete Menschen und Tieren mit so viel Liebe und Achtung. Er war so ehrlich und trug keine Maske.

Dagegen kam ich mir schäbig vor. Vor mir schwammen die Fische alle weg. Ich spürte die dunklen Flecken auf meiner Seele. Ich konnte missgünstig und neidisch sein – oder auch überheblich. Ihr kennt mich ja nun lange genug und wisst, dass ich den Mund manchmal etwas zu voll nehme und nicht immer zu dem stehe, was ich sage.

Weil ich diese Gegensätze gespürt habe, konnte ich seine Nähe nicht aushalten.

Aber er ist nicht weggegangen. Er wollte mich. Obwohl er mich kannte. Obwohl er wusste, wie unvollkommen ich war und es immer noch bin. Er sagte mir, dass ich mir keine Vorwürfe zu machen brauche und keine Angst haben muss.

Er hat mir zugetraut, dass ich ihm helfen kann. Ich sollte Menschen fischen.«

»Menschen fischen«, wiederholt Jakobus. »Das hört sich so merkwürdig an. So, als würde man eine Angel auswerfen und den Haken in einem Köder verstecken. Oder als würde man die Menschen in einem Netz mit allerlei Tricks gefangen nehmen, um sie dann aus dem Wasser zu ziehen.«

»So hat Jesus das bestimmt nicht gemeint«, wirft Johannes ein. »Das Wort, das er benutzt hat, hat in unserer Sprache ganz unterschiedliche Bedeutungen. Statt zu sagen: ›Du wirst Menschen lebendig gefangen nehmen‹, kann man auch sagen: ›Du wirst Menschen Leben schenken‹. Dass er von ›Menschen fischen‹ gesprochen hat, hat damit zu tun, dass das in unserer Sprache ein schönes Wortspiel ist. Ich glaube, eigentlich meinte er: ›Von nun an sollst du Menschen das Leben schenken!‹«

»So sehe ich das auch!« Simon stimmt seinem Freund Johannes zu. »Jesus hat ja allen Menschen, die ihm begegnet sind, Leben geschenkt. Er hat ihnen die Angst genommen. Er hat ihnen gesagt, dass sie nicht mit gesenktem Kopf durchs Leben gehen müssen – selbst dann nicht, wenn sie etwas Schlimmes verbrochen haben oder wenn sie glauben, viel zu schwach und unvollkommen zu sein. Er hat Kranken Mut gemacht und sie geheilt. Er hat Erfolglose aufgerichtet und ihnen gesagt, dass sie genauso viel wert sind wie die, denen alles gelingt und leicht von der Hand geht. Er hat zu Minderheiten und Behinderten gestanden und ihnen gesagt, dass Gott ihnen ganz nah ist. Er hat Liebe und Leben verschenkt. Und wenn wir ihm helfen sollen, dann sollen wir das gewiss nicht anders tun als er selbst.«

»Hoffentlich gelingt es uns immer, so zu handeln«, gibt Jakobus zu bedenken. »Niemals dürfen wir uns dazu verleiten lassen, auf Menschen Druck auszuüben. Niemals dürfen wir ihnen drohen mit Höllenstrafen. Niemals dürfen wir mit Macht, Gewalt oder Tricks versuchen, die Menschen zum Glauben zu bringen. Niemals dürfen wir in Gottes Namen Kriege führen oder Andersgläubige verachten. Niemals dürfen wir Menschen belügen mit Sätzen, die wir selbst nicht glauben. Hoffentlich gelingt uns das selbst, und hoffentlich handeln unsere Nachfolger eines Tages nicht anders.«

»Ja, das ist das Geheimnis des Menschen Fischens«, schließt sich Simon Petrus an. »Ich darf sie einladen, Gottes Geschenk des Lebens anzunehmen. Dazu kann ich ihnen von Gott und von Jesus erzählen. Vor allem aber müssen sie es spüren können, wie ich selbst ihnen liebevoll begegne und wie viel Freude mir selbst Gottes Liebe macht. Wenn Menschen an meinem Gesicht und an meinem Handeln ablesen können, wie gut diese Botschaft von Gott ist, dann werden sie kommen und sich dafür interessieren – wie die vielen Menschen, die damals hier vorne am Seeufer vor Jesus gestanden haben.«

Delilah und ihre Selbstachtung
Lukas 5. 27-31 + 7. 36-50

5.27 Und danach ging er hinaus und sah einen Zöllner mit Namen Levi am Zoll sitzen und sprach zu ihm: »Folge mir nach!«

28 Und er verließ alles, stand auf und folgte ihm nach.

29 Und Levi richtete ihm ein großes Mahl zu in seinem Haus, und viele Zöllner und andre saßen mit ihm zu Tisch.

30 Und die Pharisäer und ihre Schriftgelehrten murrten und sprachen zu seinen Jüngern: »Warum esst und trinkt ihr mit den Zöllnern und Sündern?«

31 Und Jesus antwortete und sprach zu ihnen: »Die Gesunden bedürfen des Arztes nicht, sondern die Kranken.«

7. 36 Es bat ihn aber einer der Pharisäer, bei ihm zu essen. Und er ging hinein in das Haus des Pharisäers und setzte sich zu Tisch.

37 Und siehe, eine Frau war in der Stadt, die war eine Sünderin. Als die vernahm, dass er zu Tisch saß im Haus des Pharisäers, brachte sie ein Glas mit Salböl

38 und trat von hinten zu seinen Füßen, weinte und fing an, seine Füße mit Tränen zu benetzen und mit den Haaren ihres Hauptes zu trocknen, und küsste seine Füße und salbte sie mit Salböl.

39 Als aber das der Pharisäer sah, der ihn eingeladen hatte, sprach er bei sich selbst und sagte: »Wenn dieser ein Prophet wäre, so wüsste er, wer und was für eine Frau das ist, die ihn anrührt; denn sie ist eine Sünderin.«

40 Jesus antwortete und sprach zu ihm: »Simon, ich habe dir etwas zu sagen.« Er aber sprach: »Meister, sag es!«

41 »Ein Gläubiger hatte zwei Schuldner. Einer war fünfhundert Silbergroschen schuldig, der andere fünfzig.

42 Da sie aber nicht bezahlen konnten, schenkte er's beiden. Wer von ihnen wird ihn am meisten lieben?«

43 Simon antwortete und sprach: »Ich denke, der, dem er am meisten geschenkt hat.« Er aber sprach zu ihm: »Du hast recht geurteilt.«

44 Und er wandte sich zu der Frau und sprach zu Simon: »Siehst du diese Frau? Ich bin in dein Haus gekommen; du hast mir kein Wasser für meine Füße gegeben; diese aber hat meine Füße mit Tränen benetzt und mit ihren Haaren getrocknet.

45 Du hast mir keinen Kuss gegeben; diese aber hat, seit ich hereingekommen bin, nicht abgelassen, meine Füße zu küssen.

46 Du hast mein Haupt nicht mit Öl gesalbt; sie aber hat meine Füße mit Salböl gesalbt.

47 Deshalb sage ich dir: Ihre vielen Sünden sind vergeben, denn sie hat viel Liebe gezeigt; wem aber wenig vergeben wird, der liebt wenig.«
48 Und er sprach zu ihr: »Dir sind deine Sünden vergeben.«
49 Da fingen die an, die mit zu Tisch saßen, und sprachen bei sich selbst: »Wer ist dieser, der auch die Sünden vergibt?«
50 Er aber sprach zu der Frau: »Dein Glaube hat dir geholfen; geh hin in Frieden!«

Sie nannte sich Delilah. Das klang so etwas verführerisch und sexy. Delilah hatte sich immer nach Liebe gesehnt. Als Kind schon hatte sie Angst gehabt, allein gelassen zu werden. Immer wieder hatte sie das Gefühl gehabt: »Meine Eltern wollen mich eigentlich anders haben, als ich bin. Vielleicht wollten sie mich gar nicht? Vielleicht wollten sie lieber einen Sohn statt einer Tochter?« Geliebt werden wollte sie. Von anderen wollte sie gezeigt bekommen, dass sie lieb und wert, also liebenswert war. Sie versuchte es allen recht zu machen. Dann kam der Tag, an dem sie allein zu Haus war und ein Onkel zu Besuch kam. »Zieh dich aus!«, hatte er gesagt. Sie gehorchte; und was dann geschah, machte ihr keine Freude; aber sie traute sich nicht, sich zu wehren. »Sag' es keinem weiter, du kleines, verdorbenes Ding«, sagte er im Weggehen. »Das bleibt unser Geheimnis! Sag es niemand! Man wird dir sowieso nicht glauben. Und wenn du etwas verrätst, wirst du weggeschickt!« Sie weinte. Sie fühlte sich schmutzig. Sie ging an den Bach und versuchte sich zu waschen. Aber was geschehen war, war nicht wegzuwaschen. Den Sprung in ihrer Kinderseele konnte sie nicht wegwaschen.

Später gab es etliche Männer, die sie schön und aufregend fanden. Doch wenn es deutlich wurde, dass Delilah nicht mehr Jungfrau, nicht mehr »rein« war, wie sie das ausdrückten, dann befriedigten sie noch schnell ihre eigene Lust an ihr, um sie dann verächtlich fortzuschicken. So eine, die passte nicht in eine ehrenhafte Familie. Mit der konnte man mal eben »Liebe machen«, wie sie das nannten, aber die konnte man doch nicht lieben! Delilah verzweifelte zuerst, und schließlich fand sie sich mit ihrem Schicksal ab.

Sie drehte den Spieß um. Sie spielte mit den Männern. Sie verlangte Geschenke oder ließ sich bezahlen. Sie versuchte, die Verachtung nicht so sehr zu spüren. Sie verachtete ihrerseits die Freier, die zu ihr kamen; aber natürlich ließ sie die das nicht merken. Sie verdiente nicht schlecht. So manchen Luxus konnte sie sich leisten: Gutes Essen, teure Kleider, kostbare Parfüme und Öle konnte sie sich kaufen. Schließlich waren die Männer ja so lange bereit zu zahlen, bis sie bekommen hatten, was sie wollten.

Äußerlich gesehen ging es Delilah nicht schlecht, aber in ihr blieb eine Sehnsucht. Es war die Sehnsucht danach, geachtet und geliebt zu werden. Doch die Türen der anständigen Welt waren für sie verschlossen. Nur heimlich ging der eine oder andere zu ihr, wenn ihn sein Trieb überkam. Die Einzigen, mit denen sie überhaupt zusammen sein und auch sprechen konnte, waren die aus der halbseidenen Unterwelt: Zöllner und andere, die gemeinhin als »Abschaum« bezeichnet wurden.

Eines Tages lädt Levi sie überraschend zu einem großen Abendessen ein. Levi ist Zöllner; ein Gauner und Halsabschneider. Als Delilah hinkommt, ist das Haus schon gerammelt voll. Einige Leute sind dazwischen, die sie nicht kennt. »Hallo, Levi! So viele Gäste? Was gibt's? Du hast doch heute keinen Geburtstag!« »Ich feiere Abschied, Delilah! Heute ist dieser Rabbi Jesus hier bei mir am Zoll vorbeigekommen und hat mir gesagt, dass er mich brauchen kann. Stell dir vor: Ausgerechnet mir hat er das gesagt, dem Obergauner unserer Stadt! Ich soll mit ihm ziehen und anderen Menschen Gottes Liebe bringen! Stell dir vor, das traut der mir zu! Und du sollst sehen, dass er Recht behalten wird! Mein Leben wird sich ändern – nein, es hat sich eigentlich schon geändert. Da vorn am Kopfende des Tisches liegt er auf seinem Polster und isst und trinkt mit uns.«

Delilah sieht diesen Jesus, wie er die versammelte Unterwelt der Stadt anstrahlt. Unbefangen spricht er mit den Menschen um ihn herum, als wisse er nicht, wie sie sich ihr Geld verschaffen. Wenn jemand dazu-

kommt, lässt er sich von ihm oder ihr zur Begrüßung umarmen. Er erwidert ihre Begrüßungsküsse ganz herzlich, stößt mit ihnen an und freut sich wirklich, sie alle kennen zu lernen. Er interessiert sich für ihr Leben. Er hört zu und versteht sie mit allen Ungereimtheiten ihres Lebens. Da ist nichts herablassend Wohltätiges in seiner Haltung und nichts Betuliches in seiner Stimme. Er nimmt jede und jeden ernst und akzeptiert alle, wie sie sind – mit ihren Verhärtungen und Absonderlichkeiten. Niemandem vermittelt er das Gefühl: »Du müsstest anders sein«, sondern er lässt jede und jeden spüren: »Du brauchst dich nicht zu verstecken. Ich mag dich, wie du bist. Und Gott liebt dich auch gerade so, wie du bist.« Delilah ist wie vom Donner gerührt. Jesus begrüßt auch sie mit einer Umarmung. Darin liegt Zärtlichkeit und echte Zuneigung, aber nicht die Geilheit, die sie sonst aus männlichen Umarmungen kennt. Doch der Friede und die herzliche Freude im Raum werden gestört. Draußen haben sich einige Fromme versammelt. Natürlich würden sie ein solches Haus nie betreten. Sie beschweren sich draußen bei den Freunden Jesu: »Warum esst und trinkt ihr mit den Zöllnern und Sündern? Diese Menschen sind unrein. Wer mit ihnen zusammen ist, wird selbst unrein! Ihr zerstört euren guten Ruf, wenn ihr euch mit denen da abgebt! Man wird euch für Hurenböcke halten, wenn ihr denen so nahe kommt.« Jesus geht ans Fenster und spricht zu ihnen: »Die Gesunden brauchen keinen Arzt, sondern die Kranken. Wer Angst hat, sich anzustecken, sollte nicht Arzt werden! Diese meine Freundinnen und Freunde hier brauchen keine Verurteilung, sondern Heilung. Die Liebe kann sie heil machen – nicht die Verachtung!«
Als Delilah diese Sätze hört, merkt sie, wie in ihr ein Panzer zerbricht. Ein Panzer, den sie sich um ihr Herz gelegt hat. Er hat sie vor all der Verachtung schützen sollen, die ihr täglich begegnet ist. Dieser Panzer hat ihr gesprungenes Herz vor allen Angriffen anderer Menschen schützen sollen, aber er hat Delilah auch selbst hart, gefühlskalt und lieblos werden lassen.
Sie merkt, wie ihr Tränen in die Augen steigen. Sie muss gehen, denn sie ist ganz aufgewühlt und aufgelöst. Endlich findet sie Liebe und Zuneigung, wie sie es immer gesucht hat. Endlich versteht jemand ihr chaotisches Leben und traut ihr trotz ihrer Vergangenheit etwas zu. Endlich ist da einer, der sie nicht als schmutzig bezeichnet, sondern sie als liebenswert verteidigt. Das ist mehr wert als jedes Geschenk und als alles Geld.

Delilah muss gehen und erstmal allein sein. Die Tränen schwemmen ihre Schminke fort, hinter der sie sich immer versteckt hat. Niemand soll sie so sehen – so gerührt, so weich und so schutzlos. Sie läuft nach Hause, wirft sich auf ihr Bett und lässt ihren Tränen freien Lauf. Als sie ihre Fassung wiedergewinnt, ist es mitten in der Nacht. Das Fest bei Levi ist längst zu Ende, und Jesus ist fort.

Nach ein paar Tagen hört Delilah, dass Jesus wieder in der Stadt ist. Doch diesmal ist Delilah nicht eingeladen, denn Jesus ist bei einem hochanständigen Menschen zu Gast. Simon ist einer, der niemals heimlich zu ihr kommen würde, um die eigene Frau zu betrügen. Er steht fest zu seinem Glauben und gibt sich alle Mühe, nach Gottes Geboten zu leben. Die Gesellschaft bei Simon ist das genaue Gegenteil von der beim Zöllner Levi vor ein paar Tagen.
Aber Delilah muss unbedingt zu Jesus. Sie will sich unbedingt bedanken für seine Zuwendung, die ihre innere Einstellung zu sich selbst so verändert hat.
Delilah zieht sich so dezent wie möglich an. Heute legt sie kein auffälliges Make-up auf. Sie nimmt ein Fläschchen duftendes Salböl mit und geht mit klopfendem Herzen zum Haus des Simon. Es gelingt ihr hineinzukommen. Dort im Hauptraum liegen die Männer um den niedrigen Tisch herum. Von den Römern hat man es sich abgeschaut: Auf den linken Ellbogen gestützt liegt man zum Tisch hin, die Beine nach hinten gestreckt. Mit der rechten Hand nimmt man das Essen. Der Ehrengast isst natürlich rechts vom Hausherrn.
Von hinten geht Delilah an Jesus heran. Reden ist nicht ihre Stärke, und außerdem verliert sie wieder ihre Fassung. Seit der innere Panzer zerbrochen ist, kann sie ihre Gefühle zeigen. Ihr Herz ist frei geworden – auch frei geworden, ihm ihre eigene Liebe und Dankbarkeit zeigen zu können. Sie kann nichts sagen. Sie weint und überschwemmt Jesu Füße mit ihren Tränen. Mit ihren langen Haaren trocknet sie sie ab und kann nicht aufhören, sie zu küssen. Die Füße sind staubig. Ihr Schmutz wird in Delilahs Haare kommen. Aber was ist das schon? Das kann sie wieder waschen. Der tiefer sitzende Schmutz ist von ihr genommen: ihre Schande, ihre Ehrlosigkeit, ihre Ungeliebtheit. Kein Wort bringt sie heraus. Nur zeigen kann sie, was sie empfindet für diesen Mann, der ihr das Menschsein wiedergegeben hat. Durch ihn hat sie ihre Selbstachtung zurückgewonnen. Delilah schüttet das kostbare Öl auf seine Füße und massiert es liebevoll ein. Nur mit Gesten kann sie zeigen, was sie empfindet.

Es wird sehr still im Raum. Simon, der Gastgeber, sagt keinen Ton. Delilah hat ein Gespür entwickelt für Männer und ihre Gedanken. Sie kann Manches erraten, was nicht ausgesprochen wird. Wahrscheinlich ist es Simon äußerst peinlich, dass sie in seinem Haus ist. Wahrscheinlich überlegt er gerade, ob Jesus eine Affäre mit ihr gehabt hat oder ob er sich von ihrer dezenten Kleidung täuschen lässt und nicht weiß, was für eine Frau Delilah ist. Nur um den Gast nicht bloßzustellen hält Simon sich wohl zurück, statt sie hinauswerfen zu lassen.

Jesus durchbricht das Schweigen. »Simon, ich muss dir etwas sagen!« Er scheint zu merken, dass Simon ganz in Gedanken ist. Jesus will seine ungeteilte Aufmerksamkeit. Einige Sekunden dauert es, bis Simon sich von seinen Gedanken lösen kann und sagt: »Lehrer, bitte sprich!«

Jesus scheint Simons Achtung also noch nicht verloren zu haben, sonst würde er ihn nicht »Lehrer« oder »Meister« oder »Rabbi« nennen. Und Simon scheint gespannt darauf zu sein, was Jesus zu sagen hat. Diese Situation braucht ja auch wohl eine Erklärung.

Auch Delilah bangt nun, was Jesus zu Simon sagen wird. Wird er ihm sagen: »Es tut mir Leid, Simon. Ich kann auch nichts dazu, dass diese Frau hier hereingekommen ist und sich mir aufdrängt. Sag deinen Dienern, sie sollen sie hinausbegleiten«? Wird er ihm sagen: »Simon, ich habe mit ihr nichts gehabt«? Wird er sich bei Simon für seinen Kontakt mit Delilah entschuldigen und Abstand zu ihr nehmen? Sie merkt, wie ihr Herz fast doppelt so schnell schlägt wie vorher.

Aber Jesus erzählt eine kleine Geschichte, in der keine Hure, nicht einmal eine Frau vorkommt. Damit nimmt er die erotischen Verdächtigungen schon wie selbstverständlich heraus: »Zwei Männer hatten Schulden bei einem Geldverleiher. Der eine schuldete ihm 500 Silberstücke, der andere 50. Weil keiner von ihnen zahlen konnte, erließ er beiden ihre Schulden. Welcher von ihnen wird wohl dankbarer sein?« Simon ist beileibe kein böser Mann. Er lässt sich auf die Geschichte ein und gibt eine ehrliche Antwort: »Ich nehme an: der, der ihm mehr geschuldet hat.« »Du hast recht«, sagt Jesus.

»Beide sollen wir Schuldner sein, die nicht ihre Schuld abtragen können?«, überlegt Delilah, »und keinem trägt Gott etwas nach? So groß ist der Unterschied zwischen dem frommen Simon und mir vor Gott gar nicht? Das hätte ich selbst nicht gedacht! Ich trug doch viel mehr Schuld als Simon!«

Delilah wird aus ihren Gedanken gerissen. Beide Männer sehen sie an, denn Jesus stellt sie gerade als eine großartig liebende Frau heraus, an der sich Simon ein Beispiel nehmen könne: »Sieh diese Frau an! Ich kam in dein Haus, und du hast mir kein Wasser für die staubigen Füße gereicht, wie es eigentlich üblich wäre; sie aber hat mir die Füße mit Tränen gewaschen und mit ihren Haaren abgetrocknet. Du gabst mir keinen Kuss zur Begrüßung als Zeichen der Freundschaft, sie aber hat nicht aufgehört, mir die Füße zu küssen, seit ich hier bin. Du hast meinen Kopf nicht mit Öl gesalbt, wie man das bei lieben Gästen tut, sie aber hat mir sogar die Füße mit kostbarem Öl eingerieben. Aus Dankbarkeit hat sie mir soviel Liebe gezeigt, weil ihr Leben wieder einen ganz neuen Halt gefunden hat. Sie kann wieder aufrecht gehen, weil ihre Vergangenheit sie nicht mehr drückt und weil sie einen anderen Weg gehen kann als bisher. Du hast das Gefühl, dein Leben selbst im Griff zu haben. Du hast kein Gespür dafür, wie auch du auf Gottes Liebe und Vergebung angewiesen bist. Du glaubst, es müsse sich bei dir nichts ändern. Deshalb kommst du fast ohne mich aus. Ein Besucher bin ich für dich, mit dem man essen, diskutieren und plaudern kann – mehr nicht.«

Und noch einmal wendet sich Jesus an Delilah: »Du brauchst dich nicht zu schämen. Du darfst dich achten und auch von anderen erwarten, dass sie Respekt vor dir haben. Bewahre dir dein Vertrauen und deine Selbstachtung, die du wiedergefunden hast. Du darfst dir sicher sein, dass Gott dir gut gesonnen ist. Nichts steht zwischen ihm und dir. So darfst du dich auch selbst lieben und mit dir selbst in Frieden leben.«

Er hielt nichts zurück
Lukas 9. 12-17

12 Der Tag fing an, sich zu neigen. Da traten die Zwölf zu ihm und sprachen: »Lass das Volk gehen, damit sie hingehen in die Dörfer und Höfe ringsum und Herberge und Essen finden; denn wir sind hier in der Wüste.«

13 Er aber sprach zu ihnen: »Gebt ihr ihnen zu essen.« Sie sprachen: »Wir haben nicht mehr als fünf Brote und zwei Fische, es sei denn, dass wir hingehen sollen und für alle diese Leute Essen kaufen.«

14 Denn es waren etwa fünftausend Mann. Er sprach aber zu seinen Jüngern: »Lasst sie sich setzen in Gruppen zu je fünfzig.«

15 Und sie taten das und ließen alle sich setzen.

16 Da nahm er die fünf Brote und zwei Fische und sah auf zum Himmel und dankte, brach sie und gab sie den Jüngern, damit sie dem Volk austeilten.

17 Und sie aßen und wurden alle satt; und es wurde aufgesammelt, was sie an Brocken übrig ließen, zwölf Körbe voll.

Ich kann es bis heute nicht recht begreifen, was da eigentlich geschehen ist.« Johannes sitzt mit seinem Bruder Jakobus zusammen am Feuer. »5000 Leute sind heute Abend hier in der Wüste satt geworden – von fünf Fladenbroten und zwei Fischen. Das geht doch nicht! Du hast es doch mit ausgeteilt, Jakobus! Wie hat das funktioniert? Hast du das Brot immer wieder abgebrochen, ohne dass es weniger wurde? Und wie haben sich die beiden Fische vermehrt?« Johannes ist von dem Erlebnis noch ganz aufgewühlt. Um sie herum liegen viele Menschen und sind mittlerweile eingeschlafen. Sie sind nahe zusammengerückt und wärmen sich gegenseitig. Eine friedliche Atmosphäre liegt über diesem Teil der Wüste. Einige sitzen an den Feuern und halten Wache für alle. Körbe mit Essen stehen noch hier und da herum.

»Ich muss dich enttäuschen, Johannes! Das Brot hat sich nicht vermehrt. Und die Fische sind nicht mehr geworden, als wir bei uns hatten. Von unseren Vorräten sind vielleicht zwei oder drei Leute satt geworden – mehr nicht!«

»Nun verstehe ich gar nichts mehr! Schau doch die Körbe an! Da ist doch mehr drin, als wir vorher hatten! Und alle Leute sind zufrieden und satt! Und da sagst du, das Brot und der Fisch haben sich nicht vermehrt? Hast du doch noch einen Laden gefunden hier in dieser Wildnis?«

»Nein; ich will dir erklären, was abgelaufen ist«, antwortet Jakobus. »Du hast gesehen, wie wir die Leute eingeteilt haben. In Gruppen haben sie zusammengesessen. Jeder konnte jeden sehen, und alle hatten den Blick auf Jesus frei. Dann nahm Jesus unser Essen und dankte Gott dafür, dass er in seiner Liebe so für uns sorgt, dass keiner Angst haben muss, zu kurz zu kommen. Er teilte es durch. Dann gab er alles, was er hatte, und verschenkte es. Er hatte keine Angst, zu kurz zu kommen. Jeder konnte seine Zuversicht spüren: Für alle wird genug da sein. Keiner, der was abgibt, wird deshalb hungern müssen.«

»Schön und gut«, wirft Johannes ein. »Aber woher kam all das übrige Essen, das für so viele Menschen gereicht hat? Fiel das vom Himmel?«

»Nein. Bei 5000 Menschen, da hatten viele etwas in ihren Taschen dabei. Der eine hatte eine Flasche Wein. Die nächste besaß noch ein Brot. Wieder jemand hatte ein Stück Wurst oder Käse, ein Stück Fleisch, etwas Obst, ein paar gekochte Eier oder sonst was. Und als das Vertrauen Jesu sie angesteckt hatte, da hat jede und jeder aus den Taschen herausgeholt, was sie oder er hatte. Alle haben den anderen abgegeben, ohne sich zuerst selbst satt zu essen. So kam letztlich eine riesige Tafel zusammen, die reichlich genug war für alle. Vorher hatte sich niemand getraut, die eigene Verpflegung zu essen und die anderen zugucken zu lassen. Doch jetzt glaubten alle daran: ›Wenn ich meine Sachen hinlege, dann geben mir andere genug wieder zurück.‹ Nun hat es wirklich für alle gereicht, und morgen kann noch jede und jeder etwas mit nach Hause nehmen!«

»Dann war das ja gar kein richtiges Wunder!«, Johannes ist etwas enttäuscht.

»Das soll kein Wunder gewesen sein?«, Jakobus entrüstet sich ein wenig über seinen Bruder. »Nur, weil da kein Blitz vom Himmel gekommen ist, weil es keine Zauberei gab und die Gesetze der Natur nicht aus ihren Bahnen geworfen wurden? Natürlich ist das ein Wunder – und was für eins! Da haben Menschen Vertrauen zu Gott und zueinander gefasst und ihre letzten Sachen weggegeben. Sie haben nicht mehr ängstlich ihre Reserven zusammengehalten, sondern die Überzeugung gewonnen, dass sie eine wirkliche Gemeinschaft bilden können. Sie haben sich gegenseitig Gutes zugetraut und nicht darauf gewartet, dass erst einmal alle anderen mit dem Teilen anfangen. Und da sagst du: ›Das war kein Wunder?‹ Das verstehe ich nun wieder nicht!«

»Ja, wenn du es so siehst«, gibt Johannes zu. »Da hast du Recht. Normal ist es eigentlich genau anders herum: Erst mal will jeder sein eigenes Schäflein ins Trockene bringen. Und wer satt ist, gibt dann noch lange nichts ab von dem, was übrig ist. Da muss erst einmal ein Vorrat geschaffen werden. Meistens ist das viel mehr, als man wirklich je braucht. Bevor die Menschen anderen etwas abgeben, dauert das schon recht lange. Und meistens kommt dann auch noch herzlich wenig dabei heraus. Insofern hast du Recht: Es ist schon wirklich ein Wunder, wenn Menschen das Vertrauen zu Gott und zueinander entwickeln können: Ich werde nicht zu kurz kommen und nicht auf der Strecke bleiben – auch, wenn ich nichts für mich zurückbehalte!«

Ist Kritik und Zurückweisung dasselbe?
Lukas 9. 57-62

57 Und als sie auf dem Wege waren, sprach einer zu ihm: »Ich will dir folgen, wohin du gehst.«

58 Und Jesus sprach zu ihm: »Die Füchse haben Gruben, und die Vögel unter dem Himmel haben Nester; aber der Menschensohn hat nichts, wo er sein Haupt hinlege.«

59 Und er sprach zu einem andern: »Folge mir nach!« Der sprach aber: »Herr, erlaube mir, dass ich zuvor hingehe und meinen Vater begrabe.«

60 Aber Jesus sprach zu ihm: »Lass die Toten ihre Toten begraben; du aber geh hin und verkündige das Reich Gottes!«

61 Und ein anderer sprach: »Herr, ich will dir nachfolgen; aber erlaube mir zuvor, dass ich Abschied nehme von denen, die in meinem Haus sind.«

62 Jesus aber sprach zu ihm: »Wer seine Hand an den Pflug legt und sieht zurück, der ist nicht geschickt für das Reich Gottes.«

Abends sitzen einige der Freunde am Feuer zusammen und sprechen miteinander noch einmal über das, was sie an diesem Tag erlebt haben.

»Warum ist Jesus heute nur so abweisend zu den drei Männern gewesen, die ihn doch eigentlich schätzten und bewunderten? Ich versteh das nicht. Sonst geht er viel aufgeschlossener auf Menschen zu!«, meint Philippus.

»Dass er dem Ersten klipp und klar gesagt hat, was ihn erwartet, wenn er mit uns durch die Gegend zieht, das finde ich genau richtig«, entgegnet Johannes. »Der muss doch abschätzen können, worauf er sich einlässt! Gerade gestern haben wir noch erlebt, dass wir in Samarien nicht unterkommen konnten. Nur, weil die Leute wussten, dass wir zum Passahfest nach Jerusalem wandern und weil es diese alten Feindschaften der Völker gibt, haben sie uns die Tür gewiesen. Jesus hat ihn ja nicht weggeschickt; aber der Mann kam mir so schwärmerisch vor. Er schwebte so ein bisschen über der Erde, und beim ersten größeren Problem wäre der ganz enttäuscht wieder abgezogen. Der sah nicht danach aus, als könnte er auf ein schönes Zuhause verzichten! Nein, man muss der Wirklichkeit schon ins Auge schauen, wenn man sein Leben so stark verändern will. Zuerst sollte man sich prüfen, ob man das durchhalten kann, was man sich vornimmt!«

Jakobus schaltet sich in das Gespräch ein: »Jesus hat ja auch nicht gesagt, dass er ihn nicht brauchen kann. Er sollte sich nur gut überlegen, was er sich zumuten will und was nicht. Schau dir zum Beispiel Maria und Martha an: Sie sind auch Jüngerinnen, mit denen er sich befreundet und verbunden fühlt. Bei ihnen können wir unterkommen, wenn wir in der Nähe sind. Da bekommen wir zu essen und einen Schlafplatz. Aber mit uns immer herumziehen? Das wäre nichts für sie. Für die meisten Menschen bewährt sich Nachfolge im ganz normalen Alltag, also an den Orten, wo man lebt und arbeitet. Diejenigen, die für ihn alles aufgeben und herumziehen, sind eher die große Ausnahme!«

Nun meldet sich Andreas zu Wort. Er hat lange für sich nachgedacht: »Mir geht das Wort ›nachfolgen‹ nicht aus dem Kopf. Was heißt das eigentlich? Nun gut, wir zwölf gehen ganz im wörtlichen Sinne ein paar Meter hinter ihm her. Auch mal neben ihm oder vor ihm. Wir gehen auf unseren Füßen jeden Weg mit. Aber ›nachfolgen‹ ist ja noch mehr: Wir versuchen, seine Botschaft der Liebe weiterzutragen mit dem, was wir sagen und mit dem, was wir tun. Das ist wohl der wichtigere Teil der Nachfolge. Wir hören ihm zu und hören auf ihn – natürlich mit allen Fehlern und Schwächen, die jeder von uns so hat! Und das hat Jesus ja sogar vor kurzem noch selbst gesagt: Alle, die Gottes Wort hören und tun, sind seine Verwandten – mehr noch als seine leiblichen Verwandten. Vielleicht wollte er dem Mann sagen: ›Es ist nicht wichtig, dass du hinter mir herläufst, sondern dass du mir mit deinem Herzen nachfolgst! Liebe deinen Nächsten und höre auf Gottes Wort, dann brauchst du nicht weit zu gehen, um mir nachzufolgen.‹«

»Aber was er zu dem Zweiten gesagt hat, das hat mich erschüttert«, meint Thomas. »Es ist doch eine ganz wichtige Pflicht, seinen toten Vater zu beerdigen. Wie kann Jesus so pietätlos sein und sagen: ›Lass die Toten ihre Toten begraben; du aber geh hin und verkündige das Reich Gottes!‹ Auf diesen einen Tag wäre es doch nun auch nicht gerade angekommen!«

»Ich glaube, das hast du falsch verstanden«, meint Simon. »Der Vater dieses Menschen ist ja noch gesund und munter. Der wird noch lange nicht begraben. Aber der Sohn fürchtet sich davor, mit seinem Vater Ärger zu bekommen. Er meint, dass seine Eltern bestimmt etwas dagegen hätten, wenn er ein Nachfolger Jesu würde. Schließlich vertreten wir keine allgemein anerkannte Religion, sondern gehören zu einer kleinen Minderheit. Man muss Nachteile befürchten, wenn man sich uns anschließt. Man kann aus der Gesellschaft herausfallen, und die ganze Familie könnte in Verruf geraten. Diese Auseinandersetzung will der Sohn nicht riskieren. Deshalb will er abwarten, bis sein Vater gestorben ist. Dann kann es keinen Krach mehr geben. Dieser Mensch hat sich nie aus der Abhängigkeit seines Elternhauses gelöst. Deshalb denke ich, dass Jesus ihm sagen will: ›Wenn du deine Entscheidungen für dich erst dann treffen willst, wenn deine Eltern nicht mehr leben, dann bist du ja jetzt schon tot. Dann lebst du gar nicht, sondern lässt dein Leben von anderen bestimmen. Ein Leben mit Gott hat viel mehr Freiheiten für dich bereit, als du dir vorstellen kannst. Du musst nicht in diesen Abhängigkeiten bleiben, sondern kannst dein Leben jetzt schon in die Hand nehmen!‹«

Nun wird Levi plötzlich ganz aufgeregt: »Vielleicht steckt da auch noch etwas anderes drin! Ihr wisst ja, dass ich früher Zöllner war und so manchen übers Ohr gehauen habe. Wie oft habe ich mir damals vorgenommen: Ich will morgens in den Spiegel schauen können und sagen können: ›Levi, du bist ein ordentlicher, ehrlicher Mensch und kannst mit dir zufrieden sein.‹ Stattdessen hat mich mein eigener Anblick oft angewidert. Ich konnte mich eigentlich nie leiden, weil ich ganz genau wusste, dass ich ein Schurke war.

Obwohl ich äußerlich gesehen reich war, war ich innerlich arm und konnte keine Achtung vor mir selbst haben. Ich dachte immer: ›Eines Tages wirst du dich ändern – aber nicht heute. Heute noch nicht. Heute will ich noch mal ordentlich Geld machen.‹ Und so habe ich es immer wieder in die Zukunft verschoben, mich zu ändern. Bestimmt hat Jesus das heute auch so sagen wollen: ›Wenn du mir nachfolgen willst, dann tu es heute! Fang heute mit der Veränderung an, sonst verschiebst du es immer wieder – vielleicht bis in alle Ewigkeit!‹«

»Ja, und während der Zweite die Zukunft nicht beginnen lassen wollte, konnte der Dritte die Vergangenheit nicht loslassen«, wirft Jakobus ein. »Der wollte doch noch mal zurückgehen. Erst wollte er sich aus seinem bisherigen Leben großartig verabschieden. Vielleicht wollte er sich eigentlich bereden lassen, doch beim Bisherigen zu bleiben. Da weiß man ja, was man hat.

Das erinnert mich an Lots Frau. Kennt ihr noch die alte Geschichte? Als die Städte Sodom und Gomorrha brannten und sie fliehen sollte, drehte sie sich um – vielleicht aus Wehmut. Sie erstarrte und konnte den Blick nicht wieder nach vorne bekommen.«

»Oh, ich kenne einige Menschen, die sich nicht von der Vergangenheit lösen können«, meint Levi. »Mein Bruder erzählt stundenlang von seiner schrecklichen Kindheit und macht sie für sein ganzes Leben verantwortlich. Dass er seine Ausbildung abgebrochen hat, dass er seine Beziehung nicht auf die Reihe bekommt: An allem ist seine Kindheit schuld. Er übernimmt keine Verantwortung für sein Leben, sondern schiebt alle Schuld den Eltern zu.

Meine Kindheit war ja auch nicht besser; aber eines Tages habe ich mir gesagt, dass ich mit meiner Vergangenheit leben muss und nun mein Leben trotz allem gestalten will. Ich habe überlegt, wie ich meine Erfahrungen ausgleichen kann und an welchen Punkten meiner Persönlichkeit ich besonders arbeiten sollte. Das war nicht leicht, aber ich wollte nicht an meiner vergangenen Geschichte kleben bleiben.

Als Jesus mich damals am Zoll ansprach und mir zutraute, dass ich auch ein anderes Leben führen könnte als das eines steinreichen Betrügers, da habe ich die Gelegenheit am Schopf ergriffen und mir gesagt: ›Jetzt oder nie! Wenn ich nicht heute einen völlig anderen Weg einschlage, dann wird das nie etwas!‹ Na ja, und jetzt gehöre ich zu euch und vermisse nichts von meinem alten Leben.«

»Das ist dir auch ganz gut gelungen, dich zu verändern«, pflichtet ihm Simon bei. »Ich habe mich ja auch damals von jetzt auf gleich von meinem Fischerboot getrennt und bin ›Menschenfischer‹ geworden, wie Jesus das damals genannt hat.

Aber ich merke, wie auch ich immer wieder an meiner Vergangenheit kleben will. Ich möchte, dass alles so schön bleibt, wie es mal war. Was waren das für Zeiten, als Jesus diese Wunder vollbracht hat und die Leute gestaunt und gejubelt haben! Damals die Hochzeit von Kana, als er Wasser zu Wein gemacht hat! Die Heilungen der vielen Kranken, bei denen er hinterher gefeiert wurde! Oder denkt noch mal an den Erfolg, als wir kürzlich mit fünftausend Leuten in der Wüste waren!

Aber jetzt, als wir nicht aufgenommen wurden, hätte es mich gefreut, wenn Jesus Feuer und Schwefel auf die Stadt hätte herunterregnen lassen! Und wenn Jesus davon spricht, dass er leiden und sterben wird, dann will ich diese Zukunft auch nicht haben. Da möchte ich lieber in die glorreiche Vergangenheit zurück und ihn davon abhalten, so einen schwachen, ohnmächtigen Weg zu gehen. Er soll lieber zeigen, wie stark er ist, statt den untersten aller Wege zu gehen! Ja, auch mich will die Vergangenheit immer wieder festhalten«, seufzt Simon.

»Also war Jesus gar nicht so abweisend, wie wir zuerst gedacht haben«, fasst Johannes ihre Gedanken noch einmal zusammen. »Eigentlich hat er etwas sehr Weises gesagt: Wenn ich verantwortlich leben will, darf ich nicht nur meinen Gefühlen folgen, sondern muss auch den Verstand einschalten. Und dann soll ich mich nicht von der Vergangenheit fesseln lassen oder alles in die Zukunft verschieben, sondern jetzt in der Gegenwart leben und meine eigenen Entscheidungen treffen.«

Johannes sollte lieber schweigen
Lukas 11. 14-20

14 Und er trieb einen bösen Geist aus, der war stumm. Und es geschah, als der Geist ausfuhr, da redete der Stumme. Und die Menge verwunderte sich.

15 Einige aber unter ihnen sprachen: »Er treibt die bösen Geister aus durch Beelzebul, ihren Obersten.«

16 Andere aber versuchten ihn und forderten von ihm ein Zeichen vom Himmel.

17 Er aber erkannte ihre Gedanken und sprach zu ihnen: »Jedes Reich, das mit sich selbst uneins ist, wird verwüstet, und ein Haus fällt über das andre.

18 Ist aber der Satan auch mit sich selbst uneins, wie kann sein Reich bestehen? Denn ihr sagt, ich treibe die bösen Geister aus durch Beelzebul.

19 Wenn aber ich die bösen Geister durch Beelzebul austreibe, durch wen treiben eure Söhne sie aus? Darum werden sie eure Richter sein.

20 Wenn ich aber durch Gottes Finger die bösen Geister austreibe, so ist ja das Reich Gottes zu euch gekommen.«

Johannes spricht wieder. Ist das denn nicht ganz normal, dass er spricht? Bei Johannes nicht, denn jahrelang hat er den Mund nicht mehr aufbekommen.

Früh hatte es angefangen: Als Kind konnte er durchaus noch sprechen, aber ihm wurde oft über den Mund gefahren. Wenn er etwas erlebt hatte und es ganz schnell seinem Vater erzählen wollte, hieß es oft: »Wenn Erwachsene sich unterhalten, haben Kinder still zu sein!« Wenn er sich wehren wollte gegen Vorwürfe seiner Eltern, hieß es: »Kinder haben ihren Eltern nicht zu widersprechen!« Wenn er etwas ungeschickt ausdrückte, lachte man über ihn.

Johannes wurde stiller und begann zu stottern. Er hatte Angst, etwas Falsches zu sagen, und so kamen die Worte nur zögernd aus seinem Mund. Manchmal hörte sich das komisch an, und alle lachten über ihn. Sie äfften ihn nach. Oft hörten sie ihm nicht bis zum Ende zu. Sie nahmen ihm seine Worte einfach fort und sprachen sie viel schneller aus. Mitunter hörten sie gar nicht hin, wenn er stammelte. Dann taten sie so, als hätte er nichts gesagt. Einmal hatte Johannes versucht, seinem Ärger darüber Luft zu machen, aber weil er so aufgeregt war, verhaspelte er sich immer mehr. Niemand verstand ihn oder wollte ihn verstehen. Sie wollten seinen Ärger nicht abbekommen, und man konnte Johannes ja so leicht zum Schweigen bringen: weghören, ihn auslachen oder ihn aufziehen.

So hatte Johannes eines Tages beschlossen, seinen Mund nicht mehr aufzumachen. Er konnte ja doch niemanden erreichen. Was für einen Zweck hatte das Reden? Er sagte keinen Ton mehr. Nur an seinem Gesicht konnte man mitunter noch etwas über ihn erfahren. Wenn er lachte, ging es ihm gut. Wenn er finster schaute, war er ärgerlich.

Johannes schaute oft ziemlich finster drein, denn er war nicht besonders glücklich. Seine versteinerte Traurigkeit war deutlich zu erkennen. Deshalb sagte man: »Er hat einen bösen Geist.« Wenn Johannes etwas wollte, fasste er einen an. Er zeigte mit seinem Körper, was der Mund nicht mehr sagen konnte. Mitunter zitterte er vor Wut. Wenn man ihn neckte, rastete er manchmal aus und schlug verzweifelt um sich.

»Er hat einen bösen Geist«, sagten die Leute, »deshalb kann er auch nicht sprechen. Wir müssen uns von ihm fern halten.« Und so wurde Johannes immer einsamer. Das war noch ein zusätzlicher Grund, seinen Mund nicht mehr aufzumachen: Es gab ja keinen mehr, der es gut mit ihm meinte.

Johannes begegnet eines Tages einem Menschen mit Namen Jesus. Dieser Jesus strahlt etwas Besonderes aus. Man spürt, dass er jeden Menschen liebt, der ihm begegnet – ohne ihn zu beurteilen und ohne ihn anders haben zu wollen. Dieser Jesus nimmt auch ihn, Johannes, offensichtlich ernst. Jesus versucht vorsichtig, mit ihm ins Gespräch zu kommen. Er fragt Johannes, ob er schon einmal gesprochen habe. Johannes nickt. Jesus interessiert sich weiter für ihn. Er stellt Fragen, die Johannes ohne Worte beantworten kann. Johannes lässt sich auf ein stummes Gespräch ein. Er nickt; er schüttelt den Kopf; er zeigt mit Händen und Füßen seine Antworten. Immer lebhafter wird dieses merkwürdige Gespräch. Johannes öffnet ganz vorsichtig sein Herz, das er vor langer Zeit verpanzert und verschlossen hat. Da ist einer, der sich für ihn, für Johannes interessiert. Da nimmt sich einer Zeit, ihm zuzuhören. Da will jemand genau wissen, was er wirklich denkt. Da nimmt ihn jemand ganz ernst und lacht nicht über ihn. Da will jemand etwas von ihm wissen, und Johannes muss keine Angst haben, dass der das Wissen ausnutzen könnte.

Nach einer ganzen Weile fragt Jesus ihn: »Johannes, weißt du noch, welches der letzte Satz war, den du vor langer Zeit gesagt hast?« Johannes nickt, und nun löst er auch seine Zunge. Ganz leise, fast unhörbar flüstert er: »Ihr seid so gemein zu mir!« »Und was ist dann passiert?« »Dann haben sie mich verhauen.« »Und dann hast du dich nicht mehr getraut, was zu sagen?« »Ja!«

Johannes weint, und Jesus nimmt ihn in den Arm. Und mit vielen Tränen erzählt Johannes ihm seine Geschichte. Er stottert nicht einmal dabei, denn er weiß sich sicher und geborgen. Nur wenn er von Erlebnissen erzählt, die ihn besonders verletzt haben, bleibt ihm die Stimme für eine kleine Zeit weg. Er kann sprechen, weil er spürt, wie er geliebt und geachtet wird.

»Johannes, du hast es ganz schön schwer gehabt«, sagt Jesus. »Ich kann das gut verstehen, dass du dicht gemacht hast, um nicht unterzugehen. Das war dein Weg, um zu überleben. Sag mal: Hast du Lust, etwas Neues auszuprobieren?« »Was?«, fragt Johannes.

»Du könntest mal versuchen, den Leuten deine Meinung zu sagen. Du könntest mit Worten für dich kämpfen. Du bist ja nicht mehr so klein, dass du dich verhauen lassen musst, wenn das jemandem nicht passt. Du musst dich nicht mehr unterbuttern lassen. Wenn du willst, versuch es einmal.«

Johannes zieht los. Er geht nicht mehr ängstlich und geduckt. Er schaut auch nicht mehr stumm und starr vor sich auf den Boden.

Er geht auf einen Nachbarn zu, den er gerade als Ersten trifft und spricht ihn an. Natürlich muss er erst einmal loswerden, was ihm auf der Seele liegt. Und so fängt sein Gespräch erst einmal ziemlich anklagend an: »Ich fand das ganz gemein von dir, wie du über mich gelacht hast, als ich gestottert habe. Du hast mich nachgemacht und mich vor allen lächerlich gemacht. Damit hast du mich sehr gekränkt.« Der Nachbar ist verdutzt und betreten und weiß nicht so schnell, was er antworten soll. Johannes geht weiter, und so mancher kriegt an diesem Tag sein Fett.

So gern will das natürlich niemand hören. Das stört ja das eigene Selbstbild. Wer will sich schon als gemein ansehen? Und wer will das schon hören, wenn vielleicht noch andere Leute dabei sind? Da ist ein stummer Johannes doch leichter zu ertragen gewesen als jetzt dieser wütende Mann, der sich wehrt und einem den Spiegel vorhält.

Wenn Johannes verzückt gesagt hätte: »Oh, ich kann wieder sprechen. Wie glücklich und dankbar ich bin. Zum Dank will ich ein großes Fest für alle feiern, und alle sollen mit mir glücklich sein!« Ja, wenn er das gesagt hätte, dann wäre die Welt in Ordnung. Aber so? Das ist ja unangenehmer als vorher!

»Da muss der Teufel im Spiel sein«, sagen einige Leute. Vor allem meinen das natürlich die, die in ihrer Selbstgerechtigkeit angegriffen werden – und diejenigen, die die Behinderung des Johannes nicht mehr für sich ausnutzen können. Dieser aggressive Geist ist für sie viel schlimmer als der stumme Geist.

»Dieser Jesus muss mit dem Teufel im Bunde stehen. Er treibt den Teufel mit Beelzebul, dem obersten Teufel aus!«, so hört man sie flüstern im Dorf. So wollen sie Johannes und Jesus gleichzeitig wieder isolieren und die anderen auf ihre Seite ziehen. Sie möchten den alten Zustand wieder herstellen, als noch klar gewesen ist, wer gut und wer besessen ist. Und ganz richtig merken sie auch an, dass Jesus gar nicht ordentlich gezaubert hat. Da ist kein Wunder mit Blitz und Donner, kein Zeichen vom Himmel zu sehen gewesen. Da hat sich offenbar nur ein sehr menschlicher, verständnisvoller Mensch um Johannes gekümmert und ihn gestärkt. Und da soll Gott seine Finger im Spiel gehabt haben? Sie wollen einen richtigen Beweis haben, wenn sie ihm glauben sollen. Wunder gelten für sie nur so lange, wie es keine natürliche Erklärung für die Heilung gibt.

Doch Jesus lässt sich nicht darauf ein, den Zauberer abzugeben. Er hat es offensichtlich nicht nötig, sich ihnen zu beweisen. Sie werden ja doch nur schauen, wie sie diesen Beweis wieder zerstören können. Sie wollen ihm nicht vertrauen.

Nur bei ihrer eigenen Logik versucht er sie zu packen: »Überlegt ihr auch, wenn eure eigenen Leute die bösen Geister austreiben, ob sie von Gott oder vom Teufel ausgetrieben werden? Nein, da geht ihr ganz selbstverständlich davon aus, dass Gutes nur von Gott kommen kann und nicht vom Oberteufel. Es wäre ja auch wirklich unsinnig, wenn sich der Teufel selbst in den Rücken fiele und seine Dämonen vertriebe. Man sagt ja oft: ›Da hat einer den Teufel mit Beelzebul ausgetrieben.‹ Aber das bedeutet dann ja, dass alles nur noch schlimmer ist als vorher. Was aber ist bei Johannes schlimmer als vorher? Er ist frei geworden und stark. Und überall da, wo ein Mensch frei wird, wo er sich lösen kann aus einer Blockierung, wo jemand Luft zum Atmen bekommt und wieder befreit leben kann, da ist Gottes Macht am Werk.«

Und so ist in diesem Dorf ein kleines Stück von Gottes Reich angebrochen. Noch einige böse Geister schwirren dort weiterhin durch die Straßen. Der böse Geist der Überheblichkeit, der andere Menschen mit ihren Schwächen auslacht. Der Geist der Machtausnutzung, der andere Menschen zum Schweigen bringt. Der Geist der Selbstgerechtigkeit, der alle Kritik abwehrt. Der Geist »Das-war-schon-immer-so«, der keine Veränderung und Bewegung zulassen will. All diese bösen Geister schwirren durch das Dorf und lassen sich mal bei dem einen, mal bei der anderen nieder. Aber bei dem ehemals stummen Johannes ist Gottes Geist eingekehrt: Aus dem Geist der Feigheit ist ein Geist der Kraft geworden. Er hat an sich selbst Gottes Liebe erfahren und wird in seinem Dorf den Geist der Kraft und der Liebe und der Besonnenheit ausstrahlen und wachsen lassen.

Aufrecht gehen – leicht gesagt!
Lukas 13. 10-17

10 Jesus lehrte in einer Synagoge am Sabbat.

11 Und siehe, eine Frau war da, die hatte seit achtzehn Jahren einen Geist, der sie krank machte; und sie war verkrümmt und konnte sich nicht mehr aufrichten.

12 Als aber Jesus sie sah, rief er sie zu sich und sprach zu ihr: »Frau, sei frei von deiner Krankheit!«

13 Und legte die Hände auf sie; und sogleich richtete sie sich auf und pries Gott.

14 Da antwortete der Vorsteher der Synagoge, denn er war unwillig, dass Jesus am Sabbat heilte, und sprach zu dem Volk: »Es sind sechs Tage, an denen man arbeiten soll; an denen kommt und lasst euch heilen, aber nicht am Sabbattag.«

15 Da antwortete ihm der Herr und sprach: »Ihr Heuchler! Bindet nicht jeder von euch am Sabbat seinen Ochsen oder seinen Esel von der Krippe los und führt ihn zur Tränke?

16 Sollte dann nicht diese, die doch Abrahams Tochter ist, die der Satan schon achtzehn Jahre gebunden hatte, am Sabbat von dieser Fessel gelöst werden?«

17 Und als er das sagte, mussten sich schämen alle, die gegen ihn gewesen waren. Und alles Volk freute sich über alle herrlichen Taten, die durch ihn geschahen.

In einem netten Häuschen am Rande der Stadt lebt Gabriela. Ihr Vater hat es gebaut, und Gabriela ist seine einzige Tochter. Dort wohnt Gabriela zusammen mit ihrem Mann, ihrem Vater und ihrer Schwiegermutter. Zwei Brüder gibt es noch am anderen Ende der Stadt. Gabrielas Mutter war früh gestorben, und kurz danach wurde ihr Vater krank. Er kam wohl über den Tod seiner Frau nicht hinweg. Unselbstständig war er ja schon immer gewesen, aber als seine Frau nicht mehr war, wurde es schlimmer mit ihm. Er kam mit dem Haushalt nicht klar und konnte nicht alleine sein. Dann kränkelte er auch körperlich an allen Ecken und Enden und wurde Frührentner.

Gabriela gab ihren Beruf auf und blieb zu Hause, um für ihn zu sorgen. Eigentlich sollte es nur für den Übergang sein, aber ihr Vater wurde schwächer. Schließlich verließ er kaum noch das Bett, und Gabriela pflegte ihn mit Hingabe. Ihr Mann ging arbeiten, und mit seinem Lohn und der Rente des Vaters kamen sie ganz gut zurecht.

Im Laufe der Zeit bekam Gabriela Rückenprobleme, denn Vater war nicht gerade leicht, und ihn im Bett hochzuziehen war nicht einfach. Ihr Arzt gab ihr Spritzen und verschrieb ihr Tabletten und riet ihr: »Schonen Sie Ihren Rücken! Nichts Schweres heben! Und wenn, dann immer mit geradem Rücken aus den Knien heraus!« Der hatte gut reden! Wie sollte sie Vater denn aus den Knien heraus heben, wenn er dort im Bett lag? Massagen und Fangopackungen standen noch auf ihrem Rezept, aber dafür hatte sie keine Zeit.

Eines Tages sprach ihr Mann sie an: »Gabi, hör mal! Meine Mutter wird immer vergesslicher. Ich glaube, sie kann nicht mehr alleine in ihrer Wohnung bleiben. Ihre Nachbarn haben mich schon mehrmals darauf aufmerksam gemacht, dass sie nicht mehr klar kommt. Du bist doch sowieso zu Hause. Können wir nicht das Gästezimmer für meine Mutter freiräumen?«

Gabriela überlegte nicht lange. Die Schwiegermutter ins Heim geben? Das kam für sie nicht in Frage. Vielleicht konnte sie ja auch noch etwas mithelfen in der Küche. Ihre Schwiegermutter war ja eine begnadete Köchin, und ihr Weihnachtsgebäck war immer unübertroffen gewesen! Im letzten Jahr hatte sie allerdings nicht mehr gebacken, und ihr Verhalten war manchmal etwas merkwürdig geworden. Der Haushalt war nicht mehr so tipptopp wie früher. Im Wäscheschrank fand sich mitunter die Unterwäsche zwischen den Handtüchern. Brille und Zahnprothese waren schon mal im Kühlschrank gelandet. Sie wusste nicht mehr die Wochentage, und wenn sie abgeholt werden sollte, lag sie oft noch im Bett und meinte dann etwas empört: »Davon hat mir aber niemand was gesagt, dass wir heute wegfahren.«

Also zog Schwiegermutter mit ins Haus. Es war nicht so einfach, wie Gabriela sich das vorgestellt hatte. Schwiegermama fand sich einfach nicht zurecht. Jeden Morgen fast dieselben Worte: »Hier bin ich ja noch nie gewesen! Ich muss nach Hause! Meine Mutti wartet auf mich!« Dass ihre Mutter schon seit dreizehn Jahren tot war, konnte sie nicht mehr begreifen.

Eine Hilfe im Haushalt war Schwiegermutter nicht gerade. Sie brachte die Kochrezepte nicht mehr zusammen. Jeden Schritt musste ihr Gabriela einzeln erklären: »Du nimmst die Kartoffel. Hier ist der Schäler. Jetzt schön schälen und in diesen Topf ins Wasser legen.« »Und jetzt?« »Jetzt nimmst du noch eine Kartoffel …« Alleine hätte Gabriela den Haushalt sicherlich schneller geschafft, aber als sie einmal gesagt hatte: »Mutter, setz dich einfach in den Sessel und lies die Zeitung!«, da fing Schwiegermutter an zu weinen: »Alles vergesse ich; nichts kann ich mehr. Ich falle dir nur zur Last. Ich möchte nicht mehr leben!« Also durfte sie wieder mit kochen, wurde beschäftigt und gelobt.

Die Unterhaltungen wurden im Laufe der Zeit immer schwieriger. Man konnte keine Fragen mehr stellen und musste immer weiter in die Vergangenheit zurückgehen, um Erinnerungsreste zu finden.

Eines Tages sah die Schwiegermutter Gabriela ganz fremd an und fragte: »Und wer sind Sie?« Gabriela war sprachlos und wie vor den Kopf geschlagen. Sie ging ganz schnell ins Bad. Sie schloss hinter sich ab und weinte bitterlich.

Ihr Mann ging morgens zur Arbeit. Hinterher war er oft noch mit Kollegen weg, weil es ihm zu Hause einfach zu grau und bedrückend war.

Letztes Jahr hatte Gabriela eigentlich nach langen Jahren mal wieder in Urlaub fahren wollen. Sie fragte ihre Brüder, ob sie mal für eine Woche den Vater nehmen könnten. Aber die meinten, sie hätten ihre Arbeit, und wenn sie Urlaub hätten, bräuchten sie selbst Erholung und wollten wegfahren. Außerdem stünden bei ihnen noch Renovierungsarbeiten an. Der Ältere sagte dann auch noch so passend: »Ich kann das nicht. Das machst du als Frau viel besser. Und mit deiner Schwiegermutter haben wir ja sowieso nichts zu tun.«

Gabrielas Rücken wurde immer schlimmer. Nach diesem Nackenschlag von ihren Brüdern konnte sie sich vor Schmerzen nicht mehr aufrichten. Sie kam sich vor wie angekettet. An dem einen Bein ihr bettlägeriger Vater, am anderen ihre demente Schwiegermutter.

Manchmal wünschte sich Gabriela weit weg von hier. Oder sie malte sich für einen Moment aus, wie es wäre, wenn die beiden nicht mehr wären. Aber im nächsten Augenblick bekam sie dann sofort ein schlechtes Gewissen. Sie kroch zu ihrem Vater und streichelte ihn. Sie nahm die Schwiegermutter in den Arm und sagte: »Wir halten immer zusammen, nicht wahr? Du bist doch meine Beste!« Und dann drückte sie ihre Schwiegermutter, bis die ein Lächeln von sich gab.

In der Nacht von Samstag auf Sonntag wird Gabriela wach. Etwas rumpelt im Zimmer der Schwiegermutter. Sie steht auf und geht hinüber. Schwiegermutter hat den Wäscheschrank ausgeräumt. »Was machst du denn jetzt mitten in der Nacht?«»Ich packe. Ich will nach Hause zu meiner Mama!«»Du bist hier zu Hause, und deine Mama ist im Himmel!«»Reden Sie nicht so einen Quatsch! Ich habe meine Mama ja selbst noch gesehen. Wer sind Sie denn überhaupt? Gehen Sie raus, Sie hässliche, ungehörige Person!«

Gabrielas Nerven liegen blank. Sie beißt sich auf die Lippen. Sie schließt die Fenstersicherungen ab, während sie mit den Tränen kämpft. Sie schließt die Tür von außen ab und geht ins Bad. Nebenan hört sie ihren Vater leise im Schlaf stöhnen. Sie muss sich übergeben, hat Durchfall, die Nase läuft, sie zittert am ganzen Körper. Erst weint sie leise in sich hinein, aber sie kann es nicht mehr zurückhalten. Das Schluchzen wird lauter und schüttelt sie.

Nach ein paar Minuten spürt sie, wie sie in den Arm genommen wird. Ihr Mann ist wach geworden. »Was ist los?«, fragt er, und sie fängt an zu reden. »Ich kann nicht mehr! Ich fühle mich so schwach und klein und bin dem allen nicht gewachsen. Ständig habe ich ein schlechtes Gewissen und das Gefühl, nicht genug zu tun. Wie Zentner lastet das alles auf meinen Schultern. Das ist kein Leben! Alles ist nur grau und bedrückend! Keine Abwechslung, kein Fitzelchen Freiheit. Ich weiß nicht mehr weiter!«

Ihr Mann hört zu und begreift. Er macht ihr einen Pfefferminztee und setzt sich mit ihr an den Küchentisch. »So geht das nicht weiter!«, meint er schließlich. »Geh du schon mal ins Bett, und ich schaue noch nach den Eltern.«

Das Schlafzimmer seiner Mutter sieht zwar aus wie Kraut und Rüben, aber sie ist zum Glück eingeschlafen. Ihr Vater hat aufgehört zu stöhnen. Er krabbelt ins Bett, nimmt Gabriela in den Arm und denkt nach, während sie an seiner Schulter einschläft.

Um halb acht werden sie beide wieder wach. Er steht auf und geht ans Telefon. Nach längerem Klingeln meldet sich verschlafen sein Schwager: »Was ist los?«»Du musst heute mal hier Wache schieben. Gabriela muss mal dringend raus.«»Aber es ist Sonntag. Wir wollten eigentlich …«»Kein Aber! Du kommst! Frühstücken kannst du hier! Um neun Uhr bist du hier. Verstanden?« Sein Ton am Telefon ist so bestimmt, dass kein Widerspruch mehr möglich erscheint.

Kurz nach neun steht der Schwager tatsächlich zusammen mit seiner Frau auf der Matte. »Und das am heiligen Sonntag!«, mault er noch rum. »Ja, genau am heiligen Sonntag! Weißt du, wann Gabriela den letzten heiligen Sonntag frei gehabt hat? Heute hältst du hier Wache! Und heute

Abend, wenn wir zurückkommen, dann reden wir. Ruf deinen Bruder ruhig auch mal an, dass er dazu kommt. Denn so geht das nicht weiter!« Er wartet keine Antwort mehr ab, sondern reicht Gabriela ihren Stock, und schon sind sie draußen.

Die Sonne scheint, und eingehakt gehen die beiden unter den Bäumen entlang. Jahre ist es her, dass sie spazieren gegangen sind. Kirchenglocken beginnen zu läuten, und unwillkürlich folgen die beiden ihrem Klang. Seit Ewigkeiten waren sie nicht mehr in diesem Raum gewesen. Nur beim Einkaufen war sie daran vorbeigehetzt. Wenn, dann hatte sie nur die Turmuhr gesehen, die zu sagen schien: »Schneller! Schneller! Wer weiß, was zu Hause gerade geschieht?«

Doch jetzt gehen sie mit Ruhe hinein. Der Klang der Orgel lässt Gabriela zur Ruhe kommen. Sie schaut das Altarbild an mit einem segnenden Christus.

Die Pastorin liest einen Bibeltext vor. »Jesus lehrte in einer Synagoge am Sabbat. Und siehe, eine Frau war da, die hatte seit 18 Jahren einen Geist, der sie krank machte; und sie war verkrümmt und konnte sich nicht mehr aufrichten. Als aber Jesus sie sah, rief er sie zu sich und sprach zu ihr: Frau, sei frei von deiner Krankheit! Und legte die Hände auf sie; und sogleich richtete sie sich auf und pries Gott.«

Gabriela schaut auf das Bild von dem segnenden Christus. »Der scheint zu lächeln. Kneift er mir nicht ein Auge zu? Winkt er mir nicht ganz leicht mit der segnenden Hand zu?« Gabriela sieht vorsichtig nach links und nach rechts. Die anderen scheinen nichts gesehen zu haben. »Spinne ich jetzt schon?«, überlegt sie. »Vielleicht will er mir was sagen? Na klar! Ich bin die verkrümmte Frau! Ich bin wie sie am Sonntag in der Kirche. Vielleicht will er mir helfen? – Aber wie?«

Als der Gottesdienst zu Ende ist, bleibt Gabriela noch ganz versonnen sitzen. Sie lässt das Orgelspiel in sich nachklingen und schaut unverwandt auf den segnenden Christus.

Die Pastorin hat die Menschen an der Kirchentür verabschiedet und kommt zu ihr. »Sie schauen so fragend. Kann ich noch etwas für Sie tun?« »Könnte es sein, dass er mir zugezwinkert hat?«, fragt Gabriela etwas verdattert und schämt sich gleich, so etwas Dummes gefragt zu haben.

Die Pastorin lächelt. »Manchmal, wenn ich selbst hier sitze und mit ihm reden will, dann habe ich das Gefühl, dass er mich anlächelt und mir zuwinkt«, meint sie schließlich. »Dann denke ich, er will mir was sagen.« »Ja, genau dies Gefühl habe ich auch«, antwortet Gabriela. »Aber was will er mir denn sagen?« »Was meinen Sie selbst, was er Ihnen sagen könnte?«, fragt die Pastorin zurück. »Dass ich nicht so krumm gehen soll!«, schießt es aus Gabriela heraus. »Könnte es sein, dass er Ihnen« eher sagen möchte, sie *brauchen* nicht so krumm zu gehen? Möchten Sie mir davon erzählen, was Sie so bedrückt?«

Gabriela erzählt ihr ihre Situation. Nach zehn Minuten kommt die Küsterin vorsichtig vorbei. Die Pastorin sagt ihr, dass sie die Kirche selbst abschließen wird. Die Küsterin solle doch bitte ihren Mann anrufen, dass sie etwas später nach Hause kommt.

Dann überlegt sie zusammen mit Gabriela und ihrem Mann, wie sie sich entlasten könnten. Da gibt es den Alzheimer- Treff, wo Mutter beschäftigt wird und Gabriela sich mit anderen Angehörigen austauschen kann. Für ihren Vater könnte sie einen Pflegedienst zu Hilfe nehmen für die schweren Arbeiten. Die Brüder wird sie für bestimmte Tage verpflichten, so dass sie auch mal einen freien Tag oder Abend hat. Und dann darf sie sich auch trauen, die Eltern einmal in die Kurzzeitpflege zu geben, um Urlaub zu machen. Und schließlich darf sie die Pastorin anrufen, wenn sie etwas loswerden und erzählen möchte.

Nach diesem langen Gespräch ist Gabriela eine richtige Last von der Schulter gefallen. Sie verabschiedet sich und geht mit ihrem Mann hinaus.

Die Pastorin schließt die Kirche ab und steigt ins Auto. Gerade fährt sie los und sieht nicht mehr, dass Gabrielas Mann hinter dem Wagen herläuft. »Der Stock!«, ruft er. »Der Stock liegt noch in der Kirchenbank!« Doch die Pastorin hört ihn nicht mehr. Enttäuscht kommt er zu seiner Frau zurück. »Zu spät!« Doch Gabriela lächelt. »Ich glaube, ich brauche ihn gar nicht mehr!« Und nur aus Gemütlichkeit hakt sie sich bei ihm ein.

Die Pastorin kommt derweil nach Hause. »Wieso kommst du heute so spät?«, fragt ihr Mann. »Ich hatte noch ein wichtiges Gespräch mit einer Gottesdienstbesucherin.« »Können die Leute nicht am Werktag kommen? Du brauchst doch auch mal eine freie Zeit!« Sie schmunzelt. »Ich zeig' dir nachher noch mal den Predigttext von heute. Und nun habe ich Hunger. Was gibt es denn heute Leckeres?«

Die enge Pforte
Lukas 13. 22-30

22 Und er ging durch Städte und Dörfer und lehrte und nahm seinen Weg nach Jerusalem.

23 Es sprach aber einer zu ihm: »Herr, meinst du, dass nur wenige selig werden?« Er aber sprach zu ihnen:

24 »Ringt darum, dass ihr durch die enge Pforte hineingeht; denn viele, das sage ich euch, werden danach trachten, wie sie hineinkommen, und werden's nicht können.

25 Wenn der Hausherr aufgestanden ist und die Tür verschlossen hat, und ihr anfangt, draußen zu stehen und an die Tür zu klopfen und zu sagen: ›Herr, tu uns auf!‹, dann wird er antworten und zu euch sagen: Ich kenne euch nicht; wo seid ihr her?‹

26 Dann werdet ihr anfangen zu sagen: ›Wir haben vor dir gegessen und getrunken, und auf unsern Straßen hast du gelehrt.‹

27 Und er wird zu euch sagen: ›Ich kenne euch nicht; wo seid ihr her? Weicht alle von mir, ihr Übeltäter!‹

28 Da wird Heulen und Zähneklappern sein, wenn ihr sehen werdet Abraham, Isaak und Jakob und alle Propheten im Reich Gottes, euch aber hinausgestoßen.

29 Und es werden kommen von Osten und von Westen, von Norden und von Süden, die zu Tisch sitzen werden im Reich Gottes.

30 Und siehe, es sind Letzte, die werden die Ersten sein, und sind Erste, die werden die Letzten sein.«

Ich gehe in meinen Gedanken einmal 300 Jahre zurück und stelle mir so ein richtig schönes Barock-Schloss vor. Da ist eine große Auffahrt, die zu einer breiten, prächtigen Treppe führt. Dort findet sich ein zweiflügeliges, schweres Tor, geschmückt mit Säulen links und rechts. Das Wappen prangt über der Tür. Marmorstufen mit einem roten Teppich darauf führen in die glanzvolle Halle. Dieser Eingang ist der Mittelpunkt der Schlossfassade.

Auf der Rückseite des Schlosses befindet sich noch eine kleine Tür. Das ist der Eingang für die Dienstboten. Er ist unauffällig und eng und liegt eher etwas versteckt. Das Personal soll ganz im Hintergrund bleiben.

Nun bekommt dieses Schloss eines Tages einen jungen Fürsten als neuen Besitzer. Als er noch ein kleines Kind gewesen ist, haben ihm mächtige Verwandte nach dem Leben getrachtet. Deshalb hat seine Mutter ihn fortgebracht und ihn unerkannt bei einfachen Leuten aufziehen lassen. Seine Freunde waren aus dem Volk, und der kleine Fürst musste mit anpacken wie jeder andere auch.

Nun ist er erwachsen geworden und hat dieses Schloss mit allen Ländereien geerbt. Er möchte die Menschen in seiner neuen Heimat kennenlernen – und sie auch etwas testen. Deshalb gibt er nach seinem Einzug ein großes Fest. Jede und jeder ist dazu eingeladen. Der Fürst ist ein Schelm; und so hat er unter die Einladungen noch einen Satz dazugefügt. Es sind die Worte: »Lies bei Lukas im Kapitel 13 den 24. Vers!«

Die hohen Herrschaften aus der Umgebung können mit diesen Worten nichts anfangen. Sie kommen mit ihren Kutschen am Festabend vorgefahren. Ihre Diener helfen ihnen beim Aussteigen. Sie schreiten den roten Teppich hoch zum Portal. Die Damen tragen große Reifröcke. Manche möchten mit einer langen Schleppe Eindruck machen. Dazu kommen ihre kunstvoll aufgetürmte Frisuren und der prächtigste Schmuck. Die Herren haben große Hüte und bestickte Gewänder.

Sie kommen an das Portal, doch das ist geschlossen. Sie klopfen an die schweren Türen, doch niemand öffnet. Sie rufen nach ihren Kutschern, doch die haben inzwischen die Pferde versorgt und sind zum Hintereingang gegangen, wie sie es gewohnt sind.

Eine der Hofdamen will die Kutscher holen und eilt den schmalen Weg zum Personaleingang. Tatsächlich: Diese Tür steht offen. Von drinnen klingt Musik und Lachen. Es duftet nach einem festlichen Mahl. Sie will hinein, aber es geht nicht: Ihr Reifrock ist zu ausladend und ihre Frisur zu hoch. So läuft sie zurück zu den anderen ans große Tor und berichtet ihnen von dem offenen Nebeneingang.

Es entsteht eine heftige Diskussion. Einer sagt: »Ich habe es nicht nötig, durch den Personaleingang zu gehen. Das tue ich um keinen Preis. Wer bin ich denn? Soll ich womöglich noch mit den Kutschern an einem Tisch sitzen? Nein, mein Stolz verbietet es mir, hier vom Haupttor zu weichen!«

Eine andere meint: »Wenn ich mit meinem neuen Ballkleid durch diese schmale Tür gehe, dann ruiniere ich es ganz und gar. Außerdem müsste ich mich bücken. Das hält meine Frisur nicht aus.«

Ein Dritter bringt es schließlich auf den Punkt: »Durch diesen Dienstboteneingang zu gehen würde bedeuten, den neuen Herrn dieses Schlosses als höher stehend anzuerkennen. Wir wären nicht mehr und nicht weniger als alle anderen. Das lasse ich nicht mit mir machen.«

So bleiben sie mit hungrigen Mägen vor dem Haupteingang stehen und warten frierend darauf, dass ihre Kutscher zu Ende gefeiert haben und sie nach Hause bringen.

Der Schlossherr aber feiert mit allen, denen es genügt, als Mensch sie selbst zu sein. Er ist vergnügt mit allen, die sich nicht über andere erheben und die ihren Mitmenschen den gleichen Wert zumessen wie sich selbst.

Einer kommt zurück
Lukas 17. 11-19

11 Und es begab sich, als er nach Jerusalem wanderte, dass er durch Samarien und Galiläa hin zog.

12 Und als er in ein Dorf kam, begegneten ihm zehn aussätzige Männer; die standen von ferne

13 und erhoben ihre Stimme und sprachen: »Jesus, lieber Meister, erbarme dich unser!«

14 Und als er sie sah, sprach er zu ihnen: »Geht hin und zeigt euch den Priestern!« Und es geschah, als sie hingingen, da wurden sie rein.

15 Einer aber unter ihnen, als er sah, dass er gesund geworden war, kehrte er um und pries Gott mit lauter Stimme

16 und fiel nieder auf sein Angesicht zu Jesu Füßen und dankte ihm. Und das war ein Samariter.

17 Jesus aber antwortete und sprach: »Sind nicht die zehn rein geworden? Wo sind aber die neun?

18 Hat sich sonst keiner gefunden, der wieder umkehrte, um Gott die Ehre zu geben, als nur dieser Fremde?«

19 Und er sprach zu ihm: »Steh auf, geh hin; dein Glaube hat dir geholfen.«

Was hat es eigentlich mit diesem Stoffstreifen auf sich?«, fragt der kleine Joschi seinen Großvater. Die beiden haben vor fast 2000 Jahren mit ihrer Familie in einem kleinen Dorf gelebt im Grenzgebiet zwischen Samaria und Galiläa, so ungefähr 100 Kilometer nördlich von Jerusalem. »Was ist mit diesem Stoffstreifen los? Warum bewahrst du ihn auf, obwohl du nie etwas damit machst?«

Großvater bekommt diesen nachdenklichen Blick, den Joschi schon öfters bei ihm gesehen hat. Er nickt bedächtig. »Willst du meine Geschichte hören? Dann setz dich zu mir!« Joschi liebt es, wenn Großvater ihm von früher erzählt. Er rückt ganz nahe an ihn heran und kuschelt sich an ihn.

»Also, das war so«, beginnt Großvater. »Ich war jung und hatte gerade meinen Beruf erlernt. Schafsfelle habe ich gegerbt und Leder daraus gemacht. Ich träumte davon, eine Familie zu gründen und ein Häuschen zu bauen. Ich fing schon an, etwas Geld dafür zur Seite zu legen. Doch dann kam der Tag, an dem ich den Flecken an meinem Arm sah. Wie Schimmel sah es aus. Es schien ein Hautausschlag zu sein. Ich tat Öl darauf und wollte den Flecken wegreiben. Aber er ging nicht weg und wurde jeden Tag größer. Ich zog ein langärmeliges Hemd an, damit ihn niemand sehen sollte. Doch andere Stellen kamen dazu, und ich konnte es bald nicht mehr verbergen: Ich hatte den Aussatz.«

»Woher kam das?«, fragt Joschi. »Kam die Krankheit von der Lauge, mit der du die Felle gegerbt hast?«

»Ich weiß es nicht. Vielleicht hat die Lauge mit dazu beigetragen. Vielleicht kam es auch davon, dass es mir damals seelisch ziemlich schlecht gegangen ist, als meine Mutter so krank wurde und starb.

Danach musste ich eine Zeit lang bei meinem Onkel leben, der mich immer anfasste, obwohl ich es nicht wollte. Obendrein hatte ich mich in die schöne Rahel verliebt, und sie wurde dann mit einem anderen Mann verheiratet. Das alles ging mir unter die Haut. Vielleicht hat das auch eine Rolle dabei gespielt, dass ich krank wurde.

Die Leute im Dorf sagten, dass alle, die den Aussatz haben, etwas Schlimmes getan hätten und von Gott mit ihrer Krankheit bestraft würden. Ich habe viel darüber nachgedacht, woher der Aussatz kommen könnte. Ich habe mich geprüft, ob ich etwas verbrochen habe. Ich habe überlegt, bei wem ich mich angesteckt haben könnte. Aber so viel ich auch nachgedacht habe: Ich wusste es damals nicht, und bis heute weiß ich es nicht.«

»Und was hast du dann gemacht?«, fragt Joschi.

»Ich wusste, dass ich in meinem Dorf keine Lebensmöglichkeiten mehr hatte. Keiner würde mehr meine Felle kaufen. Keiner würde zu mir kommen und mir etwas zum Gerben bringen. Mit Steinen und Flüchen würde man mich aus dem Dorf jagen. So habe ich schnell verkauft, was zu Geld zu machen war, habe mein Bündel gepackt und bin gegangen. Alle Träume waren zerplatzt wie Seifenblasen. Ich gehörte schon eher zu den Toten als zu den Lebenden – obwohl ich noch stark und kräftig war. Du weißt doch, was man über die Aussätzigen spricht?«

»Ja! Das sind böse und gefährliche Menschen, denen man nicht zu nahe kommen darf. Sie betteln immer und rufen laut, man solle etwas für sie auf den Boden legen. Wenn man dann weitergegangen ist, kommen sie und holen es sich. Mein Freund hat einen Bruder gehabt. Der ist aussätzig geworden. Er darf zu Hause nie nach ihm fragen. Seine Eltern sagen immer ›Schweig still! Du hast keinen Bruder. Der ist für uns gestorben. Schande hat er über uns gebracht mit seinem Leben!‹«

»Ja, so ähnlich war das wohl auch in meiner Familie. Ich wusste, wie meine Eltern über Aussätzige geredet haben. Sie haben sie verachtet. Auch mir hatten sie das so beigebracht. Deshalb bin ich fortgelaufen ohne Abschied. Ohne ein Wort bin ich einfach mutterseelenallein weggegangen.«

»Und was hast du dann gemacht?«

»Ich habe zugesehen, wie ich mich durchschlagen konnte. Hier habe ich mal was vom Baum gepflückt. Dort habe ich was vom Feld aufgesammelt. Natürlich habe ich auch gebettelt. Wenn jemand in die Nähe kam, musste ich rufen: ›Unrein, unrein!‹ Wenn ich dann den Weg verlassen habe, damit die Gesunden ungehindert an mir vorbei konnten, haben sie manchmal eine kleine Münze fallengelassen. Die habe ich dann aus dem Staub gesucht. Das war erniedrigend, aber ich brauchte etwas zum Überleben.

Eines Tages kamen mir ein paar Männer entgegen. Ich rief schon von weitem: ›Unrein, unrein!‹ Aber sie kamen weiter auf mich zu. Ich rief es noch einmal, doch sie fingen nur an zu grinsen. Als ich ganz verdattert stehen blieb, sagte einer von denen: ›Na, du auch?‹ Und dann sah ich es: Alle hatten sie selbst den Aussatz. Alle waren sie gezeichnet mit den schimmeligen Flecken.

Von da an ging ich mit ihnen. So fühlten wir uns sicherer. Keiner würde so schnell Steine nach uns werfen, weil wir zehn Männer gemeinsam stark waren. Wir erzählten uns gegenseitig unsere Lebensgeschichten.

Wenn wir gesund gewesen wären, hätten wir allerdings mit Sicherheit kein einziges Wort miteinander gewechselt.«

»Warum das denn nicht?«, fragt Joschi.

»Du weißt doch, zu welchem Volksstamm wir gehören?«

»Wir sind Samaritaner, Großvater. Manche sagen auch Samariter zu uns.«

»Genau. Und die anderen Aussätzigen in unserer Gruppe waren aus Galiläa.«

»Und die sprechen ja nicht mit uns. Die tragen ihre Nase immer ein bisschen höher – nur, weil wir auf dem Berg Garizim zu Gott beten und sie ihren Tempel in Jerusalem haben.«

»So ist es. Und außerdem meinen sie, dass wir Samaritaner es mit Gottes Geboten nicht genau genug nehmen. Na ja – sei es, wie es sei! Als Aussätzige haben wir uns so leidlich gut miteinander verstanden. Sie durften ja als Aussätzige sowieso nicht in ihren Tempel oder in eine Synagoge gehen. Als Aussätzige waren sie noch verachteter als die gesunden Samaritaner. Nur ich hatte den Vogel natürlich abgeschossen, denn ich war beides: Samaritaner und aussätzig.«

»Erzähl weiter! Was hat es mit dieser Binde auf sich?«

»Diese Binde hatte ich um ein besonders böses Geschwür an meinem linken Bein gebunden. So blieben wenigstens die Fliegen von der Wunde. Wir waren in der Nähe eines Dorfes, als ein Wanderprediger vorbeikam. Wir nannten diese Leute, die herumzogen, auch Wunderprediger, denn man erzählte sich, dass sie Kranke heilen und Tote auferwecken könnten. Dieser Wunderprediger hieß Jesus, und etliche Leute gingen mit ihm. Er sprach mit ihnen. Wir riefen alle von weitem: ›Jesus, lieber Meister, habe Mitleid mit uns!‹ Wir wussten: Wenn er uns ein Almosen hinwarf, würden seine Nachfolger es auch tun. Und vielleicht würde er ja auch einen von uns heilen? Man soll ja die Hoffnung nie aufgeben!

Und dieser Jesus sagte: ›Geht und zeigt euch den Priestern!‹ Zu uns allen sagte er das. Mich hatte er dabei auch angeschaut. Das habe ich genau gesehen. Wir zogen also los.«

»Ihr habt euch einfach auf den weiten Weg gemacht? 100 Kilometer gelaufen – einfach so, weil der Jesus das gesagt hat?« Joschi staunt.

»Ja! Wir hatten doch nichts zu verlieren. Und außerdem hatten wir gleich ein starkes Vertrauen zu diesem Mann gefasst, denn der hat uns nicht verachtet und keine Angst vor uns gehabt. Das konnten wir merken. Der hat uns ernst genommen. Da war Kraft und Zuversicht in seinen Worten – und Liebe. Ja, seine Liebe konnten wir spüren – selbst über die Meter Entfernung hinweg.

Also gingen wir los. Unterwegs rutschte diese Binde von meinem Bein ab. Ich wollte sie neu wickeln und merkte dabei, dass das Geschwür verschwunden war. Ich schaute mich weiter an und fand keinen Ausschlag mehr auf der Haut. Ich rief: ›Ich bin gesund!‹ Die anderen schauten zuerst mich an und dann sich selbst. Alle waren wir gesund. Ich sprang in die Luft, machte kehrt und rannte zurück. Jesus war noch da. ›Gott sei Dank, ich bin gesund!‹, rief ich. Ich dankte Jesus und konnte es gar nicht fassen. Ich hatte wieder eine Zukunft. Ich war total aus dem Häuschen.

Jesus freute sich mit mir, aber er schaute auch etwas betroffen und unsicher. ›Sind die anderen nicht gesund geworden?‹, fragte er. Es schien mir fast, als hätte er Angst gehabt, dass sein Wunder nicht bei allen gewirkt habe. ›Doch, doch‹, antwortete ich. ›Alle sind so gesund geworden wie ich!‹

›Wo sind die anderen? Gibt es nur einen, der Gott für seine Hilfe dankt? Nur einen Einzigen, der nicht einmal zu Gottes auserwähltem Volk gehört?‹

Und dann sagte er noch einen merkwürdigen Satz: ›Steh auf und geh hin; dein Glaube und dein Vertrauen haben dir geholfen.‹«

Joschi ist ganz unruhig geworden. »Großvater, was war denn mit den anderen? Warum waren die denn so undankbar? Und sind die zur Strafe wieder krank geworden?«

»Nein, Joschi, sie sind gesund geblieben wie ich. Ich glaube nicht, dass jemand krank wird, weil Gott ihn bestrafen will. Umgekehrt wird wohl auch niemand deshalb wieder gesund, weil Gott meint, dass er es verdient hat. Ich glaube nicht einmal, dass die anderen Aussätzigen aus meiner Gruppe undankbar gewesen sind. Später bin ich einmal in Jerusalem gewesen und habe einen davon wiedergetroffen. Er tat zuerst so, als würde er mich nicht kennen. Nur widerwillig hat er sich auf ein Gespräch eingelassen. Ich habe ihm Jesu Frage weitergegeben, warum er nicht zurückgekommen ist, um sich zu bedanken.«

»Und was hat er gesagt?«

»Die neun anderen frisch geheilten Aussätzigen brauchten drei Tage, um nach Jerusalem zu wandern. Dort sollten sie sich ja den Priestern zeigen. Dann haben sie neun Tage gebraucht, um die vorgeschriebenen Reinigungsrituale zu erfüllen. Sie haben die entsprechenden Opfer gebracht, um Gott zu danken. Sie nahmen das ja alles viel strenger, als wir Samaritaner das tun.«

»Das wird sich Jesus doch gedacht haben, dass sie das alles tun. Er hat euch ja auch selbst gesagt, dass ihr zu den Priestern gehen sollt. Warum hat er dich denn dann als Vorbild hingestellt?«

»Ich glaube, Joschi, das Geheimnis liegt in dieser Binde. Wie du weißt, bewahre ich sie auf. Und wenn mich jemand danach fragt, dann erzähle ich meine Geschichte, die du gerade gehört hast. Ich will mich daran erinnern, wie es mir ergangen ist. Ich weiß noch, wie jemandem zumute ist, der ausgestoßen wird und draußen bleiben muss.

Deshalb gehe ich auch immer wieder zu denen, die heute krank sind. Ich bringe ihnen Achtung und Respekt entgegen – eben das, was ich damals so dringend gebraucht hätte. Ich stehe zu meiner Vergangenheit und habe die Erfahrung für mein Leben mitgenommen. Für mich sind die Erfahrungen zu Samenkörnern geworden, aus denen meine Lebensfreude und Lebenskraft wächst.

Und der ehemalige Leidensgenosse, den ich in Jerusalem wiedergetroffen habe, der hat die Vergangenheit aus seinem Leben ausgesperrt. Er hat einfach nur versucht, seine frühere Krankheit zu vergessen. Er will mich nicht mehr kennen. Er ist nun wieder ein stolzer Galiläer, der mit Samaritanern nichts zu schaffen hat. Er will heute mit niemandem zu tun haben, der aussätzig ist. Er verachtet die Kranken ebenso, wie er einmal verachtet worden ist.

Er hat nichts dazugelernt durch seine Erfahrung. Er tut so, als hätte er sich seine Gesundheit selbst verdient. Er hat kein Mitgefühl und kein Verständnis für die anderen, die weniger Glück haben als er. Er hat seine Erfahrung nicht verarbeitet, sondern sie nur beiseite geschoben.

Ich bin im Nachhinein froh, dass ich meine Erfahrung gemacht habe. Ich sehe jetzt jeden Tag meines Lebens als Geschenk Gottes. Ich freue mich, dass ich wieder arbeiten kann; dass ich meine Familie und dich habe; dass ich Freunde habe; dass ich wieder zur Synagoge gehen kann; dass ich im Großen und Ganzen wieder gesund bin; dass ich lebe. Und ich weiß, dass ich keinen Menschen verachten darf – auch, wenn man sagt, dass Gott ihn fallen gelassen habe. Um das nie zu vergessen, habe ich diese Binde so hingelegt, dass ich sie jeden Tag sehe.«

Gut, dass ich nicht so bin!
Lukas 18, 9-14

9 Er sagte aber zu einigen, die sich anmaßten, fromm zu sein, und verachteten die andern, dies Gleichnis:
10 »Es gingen zwei Menschen hinauf in den Tempel, um zu beten, der eine ein Pharisäer, der andere ein Zöllner.
11 Der Pharisäer stand für sich und betete so: ›Ich danke dir, Gott, dass ich nicht bin wie die andern Leute, Räuber, Betrüger, Ehebrecher oder auch wie dieser Zöllner.
12 Ich faste zweimal in der Woche und gebe den Zehnten von allem, was ich einnehme.‹
13 Der Zöllner aber stand ferne, wollte auch die Augen nicht aufheben zum Himmel, sondern schlug an seine Brust und sprach: ›Gott, sei mir Sünder gnädig!‹
14 Ich sage euch: Dieser ging gerechtfertigt hinab in sein Haus, nicht jener. Denn wer sich selbst erhöht, der wird erniedrigt werden; und wer sich selbst erniedrigt, der wird erhöht werden.«

Eines Morgens, als Gott sich mal wieder auf den Weg durch ein Krankenhaus macht, um nach seinen Menschen zu sehen, geht er auch in die dortige Kapelle. Er schaut in das Kapellenbuch und freut sich mit allen, die Grund zum Danken haben. Er weint mit denen, die etwas Trauriges erleben. Dann setzt er sich noch etwas auf einen Stuhl und überlegt, wo er mit einem Wunder helfen könnte.
Natürlich kann man ihn nicht sehen oder sonst wie bemerken, wie Gott da so sitzt.
Die Tür geht auf, und wie damals in der alten Geschichte kommt ein Mensch herein, den er schon oft in einem Gottesdienst gesehen hat. Der geht dann auch gleich nach vorne durch und spricht ein Dankgebet:

»Ach Gott, wie gut, dass ich dich habe. Du hast mich immer geführt und mir geholfen. Schön, dass ich jetzt wieder gesund bin. Aber du kennst ja auch deine Leute. Ich habe dir immer vertraut und bin immer zur Kirche gegangen. An meine Tür klopft niemand vergeblich. Ich spende gern und viel. Ich helfe ehrenamtlich in der Gemeinde. Auch wenn es mitunter viel Mut kostet, stehe ich zu meinem Glauben. Da habe ich es wohl auch verdient, dass du mir geholfen hast. Gut, dass ich nicht so bin wie mein Zimmernachbar hier im Krankenhaus. Der hat seine Leber kaputt gesoffen. Der schleicht sich trotz seiner Krankheit noch auf die Toilette zum Rauchen. Seine Ehefrau schikaniert er sogar hier im Krankenhaus, wenn sie ihn besuchen kommt. Wenn sie zur Arbeit ist, kommt noch die eine oder andere Freundin, von der seine Frau nichts weiß. Und wenn ich vor dem Essen meine Hände falte, macht er sich über mich lustig. Es wäre wohl nicht verkehrt, wenn der mal einen Schuss vor den Bug kriegen würde.«

Derweil hat sich gerade dieser Zimmergenosse mehr oder weniger zufällig zur Kapelle verirrt. Fast in der Tür bleibt er stehen. Der Raum ist ihm fremd. Mit den Symbolen weiß er nichts anzufangen. Er denkt für sich: »Wenn es dich gibt, Gott, dann brauch ich dich. Ich habe Angst. Ich weiß, dass ich viel Mist gebaut habe in meinem Leben. Bitte, hilf mir trotzdem!«

Weil er auf keinen Fall will, dass ihm eine Träne herunterläuft, geht er schnell wieder.

»Ach, die Welt ändert sich nicht«, denkt Gott und will gerade aus der Kapelle gehen, als eine Frau eintritt. Auch deren Gedanken will er nun noch lesen, und da geht es auch schon los:

»Ein schöner Ort hier«, denkt sie. »So ruhig und friedlich. Ich bin ja eigentlich keine Kirchgängerin. Ich habe das nicht nötig, mich zu zeigen wie all diese Heuchler, die sonntags nur ihre neusten Sachen vorführen wollen. Das sind ja alles Heuchler, die so fromm tun. Ich bin da ganz anders. Wenn ich das Bedürfnis habe, dann gehe ich in mein Kämmerlein und bete für mich. Das ist viel ehrlicher als diese scheinheiligen Kirchgänger. Die meinen ja immer, sie seien etwas Besseres – und dabei hat die Frau X von der Kirchengemeinde doch neulich …«

Gott stellt seine Ohren etwas auf Durchzug, denn die pikanten Details, die sie selbstgerecht vor ihm ausbreitet, will er gar nicht hören.

Als die Frau fertig ist und die Kapelle verlassen hat, wirft ein Punkerpärchen einen Blick herein.

Beide haben viel Metall im Gesicht. Tätowierungen schauen aus der kunstvoll zerrissenen Kleidung. Die Haare sind für manche Zeitgenossen ziemlich gewöhnungsbedürftig.

Sie geht zur Kerzenecke und zündet zwei Kerzen an in der Hoffnung, dass sie beide ihr Leben ein bisschen mehr in den Griff kriegen.

Ihr Freund wartet auf sie und denkt: »Poh, ist das uncool hier! Da bin ich aber echt geiler drauf als die Spießer, die sich hier einschleimen. Ne, Religion ist mir zu krass! Bloß ganz schnell weg von hier, sonst sieht mich noch jemand und denkt, ich wär auch so drauf!«

Mittlerweile ist die Kapelle also wieder leer, doch Gott nimmt die Gedanken eines Menschen wahr, der in einem der Krankenzimmer liegt.

»Warum gerade ich?«, dringt es an sein Ohr. »Warum muss gerade ich krank sein? Das ist ungerecht! Das habe ich nicht verdient. Ich habe niemandem etwas Böses getan. Ich habe sogar schon mal jemandem geholfen. Den Pennern auf der Straße, denen geht es immer gut. Die sind immer gesund. Und ich? Ich habe immer gearbeitet, mein Geld selbst verdient – und zwar ehrlich! Wenn es einen Gott gibt, ist er ungerecht. Der sollte sich dann mal um mich kümmern, und nicht um die, die sowieso nur Schmarotzer sind! Und in die Kirche gehen und beten werde ich auch nicht mehr. Das habe ich zwar bisher auch nicht getan – außer zu Familienfesten oder zu Weihnachten – aber jetzt erst recht nicht! Das hat er nun davon!«

Nun nähert sich wieder jemand der Kirchentür. »Das hätte ich gar nicht gedacht, dass dieses Krankenhaus eine Kapelle hat«, denkt die Frau, als sie eintritt. »Wann war ich das letzte Mal in einer Kirche? Das muss vor Jahren im Urlaub gewesen sein, als wir diesen berühmten Dom da besichtigt haben. Wo war das noch? Ja, irgendwie habe ich Gott aus den Augen verloren. Warum eigentlich? Irgendwie ist wohl alles andere wichtiger gewesen. Der Beruf, die Familie, der Hausbau, unser Hund … eigentlich alles andere. Ich hatte mein Leben auch ausdrücklich selbst in die Hand nehmen wollen. Ich wollte mich nicht abhängig fühlen von einer Macht, die über mir steht. Ich wollte frei und selbstbestimmt sein. Aber jetzt hier im Krankenhaus spüre ich doch, dass ich mein Leben nicht selbst in der Hand habe. Verzeih mir, Gott, dass ich kaum nach dir gefragt habe. Ich kann dir nicht einmal versprechen, dass ich in Zukunft fromm werde. Schon manches Mal habe ich in der Not Versprechungen abgegeben, die ich nicht gehalten habe. Sei mir nicht böse und steh' mir zur Seite! Bitte!« Und sie geht nach vorne, zündet eine Kerze an und geht wieder.

Heute scheint hier wirklich Rekordbetrieb in der Kapelle zu sein. Schon wieder kommt jemand.

»Ach Gott, wie gut, dass ich dich habe. Du hast mich immer geführt und mir geholfen. Schön, dass du mir auch jetzt zur Seite stehst. Im Gebet bekomme ich Kraft für den Alltag – auch, wenn das Leben mitunter schwer ist und ich dich nicht recht verstehen kann. Aber ich weiß, du meinst es gut mit allen Menschen – selbst mit denen, für die mein Herz nicht groß genug ist. Ich weiß, dass ich meine Fehler und Schwächen habe – und gerade meine eigenen Schwachpunkte entdecke ich ja an anderen Menschen am ehesten wieder. Hilf mir, dass ich andere nicht verurteile und dass ich in Frieden mit mir selbst leben kann. Immer wieder ertappe ich mich dabei, dass ich mich über andere Menschen erhebe. Ich möchte in der Beliebtheitsskala bei dir dann möglichst weit vorne stehen und die anderen auf die hinteren Plätze verweisen. Scheinbar denke ich immer noch, dein Himmel ist nicht groß genug, und ich müsste mich in der Warteschlange nach vorne drängeln, damit ich noch hineinkomme. Aber eigentlich weiß ich, dass dein Herz genug Liebe für alle hat. Du lässt niemanden fallen und schickst niemanden fort. So möchte ich nicht nur für mich beten, sondern für alle Menschen hier im Krankenhaus. Für die, die dich an ihrer Seite wissen, und auch für die, die diese gute Erfahrung nicht machen konnten. Für die, denen ihr Leben gut gelingt, und für die, die sich mitunter selbst im Wege stehen. Für die, die ich bewundere, und auch für die, mit denen ich nicht zurechtkomme.«

Als es in der Kapelle wieder ruhig ist, steht Gott auf und denkt bei sich: »Wie schwer muss es für die Menschen sein, meine einfache Botschaft zu verstehen! Sie sind so sehr damit beschäftigt, andere und sich selbst zu beurteilen oder zu verurteilen. Statt danach zu streben, das Leben gut und auch glücklich zu gestalten, treten sie in Konkurrenz und kämpfen darum, wer besser ist oder wer mehr vom Glück abbekommt. Das führt sie zu Feindschaft und Kriegen, zu Neid und Unzufriedenheit. Ich würde mir so sehr wünschen, dass sie sich gegenseitig gelten lassen – auch da, wo sie sehr unterschiedlich sind.

Dann können sie in Frieden leben. Mit anderen – und auch mit sich selbst.«

Und Gott geht hinaus aus der Kapelle, um auch nach all seinen geliebten Kindern in einem anderen Krankenhaus zu schauen.

Willst du wirklich gesund werden?
Johannes 5. 1-9

1 Danach war ein Fest der Juden, und Jesus zog hinauf nach Jerusalem.
2 Es ist aber in Jerusalem beim Schaftor ein Teich, der heißt auf Hebräisch Betesda. Dort sind fünf Hallen;
3 in denen lagen viele Kranke, Blinde, Lahme, Ausgezehrte. Sie warteten darauf, dass sich das Wasser bewegte.
4 Denn der Engel des Herrn fuhr von Zeit zu Zeit herab in den Teich und bewegte das Wasser. Wer nun zuerst hineinstieg, nachdem sich das Wasser bewegt hatte, der wurde gesund, an welcher Krankheit er auch litt.
5 Es war aber dort ein Mensch, der lag achtunddreißig Jahre krank.
6 Als Jesus den liegen sah und vernahm, dass er schon so lange gelegen hatte, spricht er zu ihm: »Willst du gesund werden?«
7 Der Kranke antwortete ihm: »Herr, ich habe keinen Menschen, der mich in den Teich bringt, wenn das Wasser sich bewegt; wenn ich aber hinkomme, so steigt ein anderer vor mir hinein.«
8 Jesus spricht zu ihm: »Steh auf, nimm dein Bett und geh hin!«
9 Und sogleich wurde der Mensch gesund und nahm sein Bett und ging hin. Es war aber an dem Tag Sabbat.

Ich nenne ihn einfach mal David. Zweifellos ist er krank. Er kann nicht laufen. Mühsam bewegt er sich manchmal mit Händen und Beinen zusammen ein paar Meter vorwärts. Lange ist er schon krank: 38 Jahre lang. Das ist eine halbe Ewigkeit. Ich weiß nicht, wie es angefangen hat. Konnte er schon von Geburt an nicht laufen? Ist es allmählich dazu gekommen? Hat es ihn mit einem Schlag erwischt? Hat er einen Unfall gehabt? Ich weiß es nicht, aber eine halbe Ewigkeit ist es nun schon so.

Er liegt in einer Halle, die Schatten spendet. Sie ist zwischen zwei Teichen gebaut in Jerusalem. Rings herum gibt es vier weitere Hallen. Da liegt er auf seiner Matte und wartet. Fast das ganze Elend der Stadt ist dort versammelt. Alle warten. Worauf sie warten? Sie warten darauf, dass sich das Wasser im Teich bewegt. Der Teich heißt Betesda. Das ist aramäisch, und übersetzt würde es bedeuten: »Haus der Barmherzigkeit« oder »Haus, wo Gott Gnade gibt«. Man sagt: »Wenn sich das Wasser bewegt, dann badet ein Engel in diesem Teich. Und wenn ein Engel darin badet, dann ist die Kraft Gottes in dem Wasser. Wer dann als erster hineinkommt, der bekommt etwas von dieser Kraft und wird gesund.« Deshalb sind sie alle da und warten. Sie warten, dass der Engel wiederkommt. Sie warten, dass Gott zu ihnen kommt und sie heilt.

Andere sagen: »Wenn das Wasser sich bewegt, hat das einen ganz einfachen anderen Grund: Das Wasser des Baches Kidron wird weiter oben im Tal gestaut, und wenn von dort neues Wasser in die Teiche fließt, dann bewegt es sich halt.« Für jeden, der dort am Teich liegt, ist aber klar: Der badende Engel ist meine Chance.

So liegt auch David da am Teich und wartet. Aber worauf wartet er eigentlich? Er hat es doch schon so oft erlebt: Plötzlich bewegt sich das Wasser. Er versucht, sich hinzuschleppen. Doch David hat schlechte Karten. Immer ist ein anderer schneller. Einer, dessen Hand nicht in Ordnung ist, der kann schnell aufstehen und in den Teich springen. Einer, der taub ist, der sieht genau, wenn das Wasser in Bewegung kommt, und schon saust er los. Aber er? Wie soll er in den Teich kommen mit seinen Beinen? Minuten würde es dauern, bis er sich mit den Händen über den Boden geschleift hat. Und wenn er dann endlich im Wasser ist: Wie kommt er wieder heraus? Hineingeholfen hat dort *nie* jemand dem anderen. Wie sollte er auch? Wer will schon einen anderen hineintragen und selbst dafür freiwillig länger krank bleiben? Das tut keiner! Jeder ist sich selbst erst mal der Nächste.

In letzter Zeit hat ihm auch kaum noch ein Mensch wieder aus dem Teich herausgeholfen, wenn er es doch mal wieder probiert hatte, selbst hineinzukommen. David hat Krach mit den meisten seiner Leidensgenossen dort am Teich. Und das ist so gekommen:

Immer wieder hat er erlebt, wie Neue gekommen sind. Viele von ihnen sind gesund geworden und sind wieder gegangen, obwohl sie doch eigentlich noch gar nicht an der Reihe waren mit einer Heilung. Immer durften andere wieder gehen – und er musste bleiben. Dass er da neidisch geworden ist, ist wohl kein Wunder. Dass er den einen oder ande-

ren angegiftet hat, ist doch klar. So ist er unleidlich geworden. Nun besteht er darauf: »Dies hier ist *mein* Platz: ich bin seit 38 Jahren hier! Hier habe ich das Sagen!« David hat gelernt, die anderen mit seiner Krankheit zu tyrannisieren. Das hat denen natürlich nicht gepasst. Sie meiden ihn. Außerdem können sie sein Selbstmitleid einfach nicht mehr hören. Immer jammert er vor sich hin. Ständig beklagt er sich über seine Beine und über die Ungerechtigkeit seines Schicksals. Er jammert über die Schlechtigkeit aller Menschen, die ihm nicht helfen wollen. Es mag ja sein, dass er in vielem Recht hat, aber keiner kann und keiner will es mehr hören.
Und immer noch wartet David. Er wartet, dass das Wasser sich bewegt. Warum er darauf wartet? Eigentlich weiß er es längst selbst nicht mehr, denn seine Lage ist hoffnungslos.
An dem Tag, um den es hier geht, ist ein Fest in der Stadt. Viele Besucher sind gekommen, um zu feiern. Essen, Trinken, fröhliche Musik und Lachen gibt es in der ganzen Stadt. In den Straßen ist jede Menge los. Nur hier am Teich Betesda sind die, die nichts zu lachen haben.
Durch das Stadttor kommt der Wanderprediger Jesus mit seiner Anhängerschaft. Doch dieser Jesus stürzt sich nicht gleich in den Trubel zwischen die fröhlich feiernden Menschen. Er kommt in den Hof mit den Teichen. Er nimmt sich Zeit für die kranken Menschen dort. Und er kommt auf ihn zu – auf ihn: David.
Jesus weiß, wie lange David dort schon liegt. Vielleicht hat er ihn früher schon einmal da liegen sehen – David hat ja seinen Stammplatz dort.
Jesus stellt ihm eine merkwürdige Frage: »Willst du gesund werden?« Diese Worte treffen David wie ein Schlag ins Gesicht. Wie kann er das fragen? Die Gesundheit ist doch das höchste Gut! »Will der sich über mich lustig machen?«, denkt David. Er ist sprachlos. Doch dieser Jesus schaut ihn an und scheint tatsächlich auf eine Antwort zu warten.
David kommt ins Denken: »Ja, was will ich eigentlich? Ich habe mich mit meiner Krankheit eingerichtet. Ich habe hier an den Teichen meine Heimat gefunden. Hier habe ich meine Stellung. Ich kann hier kommandieren, auch wenn die anderen mich nicht sonderlich mögen. Ich kann alle Verantwortung auf andere abwälzen, weil ich ja zu schwach bin. Mit meiner Mitleid erregenden Erscheinung kann ich manchmal andere veranlassen, mir zu helfen. Ich habe mein festes Weltbild gezimmert, dass die Welt nun mal schlecht ist und dass mir letztlich doch keiner wirklich helfen will oder kann.
Will ich gesund werden?

Das würde bedeuten, dass ich selbst wieder Verantwortung für mich übernehmen müsste. Ich müsste mich völlig neu einfügen in die Gesellschaft. Ich müsste eine ganz neue Rolle übernehmen. Ich müsste meine Weltsicht in Frage stellen und das Leben aus einem ganz anderen Blickwinkel betrachten. Ich müsste Abschied nehmen von meiner jetzigen Situation. Die ist zwar schrecklich, aber ich kenne mich doch wenigstens darin aus.

Will ich gesund werden? Dieses Ziel habe ich eigentlich schon lange nicht mehr! Ich will einen Menschen haben, der für mich da ist. Ich brauche jemanden, der mich immer wieder zum Teich trägt, wenn sich das Wasser bewegt. Ich werde wohl weiterhin zu spät kommen, aber ich möchte jemanden haben, der Mitleid mit mir hat. Ich will jemanden, über den ich verfügen kann; einen, der mich gut betreut. Vielleicht kann ich diesen Jesus dazu gewinnen, mir den einen oder anderen Dienst zu erweisen?«

So denkt David, und er beginnt wieder einmal sein altes Jammerlied: »Herr, die Welt ist schlecht. Ich bin arm dran. Niemand ist für mich da. Keiner hilft mir. Ich selbst bin ja so schwach. Ich kann nicht. Das Schicksal meint es nicht gut mit mir.«

David schafft es nicht, den Satz über die Lippen zu bringen: »Ja, ich will gesund werden!«

Auf sein Klagelied geht Jesus mit keinem Wort ein. Er verurteilt David nicht dafür. Wahrscheinlich kann er verstehen, warum David so geworden ist. Aber mit seiner Antwort zeigt Jesus, dass er dieses altbekannte Spiel von Selbstmitleid und von Tyrannei nicht mitmacht. Er lässt nicht zu, dass David sich wie eine Klette an seinen Hals hängt.

Er sagt zu David: »Steh auf, nimm deine Matte und lauf!« Er fordert ihn damit heraus. Wird David die Verantwortung für seinen ersten Schritt übernehmen? Wird er sich selbst bemühen, statt nur von anderen Hilfe zu erwarten? Wird er versuchen, seine Muskelreste anzuspannen? Wird er es wagen, seinen angestammten Platz zu verlassen? Wird er es selbst in die Hand nehmen, gesund zu werden? Jesus fordert ihn heraus, und David nimmt die Herausforderung an. Er sagt nicht mehr: »Ich kann doch nicht!«, sondern er versucht es. Er steht auf. Er nimmt seine Matte und geht.

David beginnt, ein neues Leben zu gestalten. Es wird für ihn auch als Gesunder nicht einfach sein; kurz danach bekommt er schon mit anderen Menschen Ärger. Doch er geht seinen eigenen Weg, statt auf jemand zu warten, der ihn trägt.

Der unverzeihliche Fehler
Johannes 8. 3-11

3 Aber die Schriftgelehrten und Pharisäer brachten eine Frau, beim Ehebruch ergriffen, und stellten sie in die Mitte

4 und sprachen zu ihm: »Meister, diese Frau ist auf frischer Tat beim Ehebruch ergriffen worden.

5 Mose aber hat uns im Gesetz geboten, solche Frauen zu steinigen. Was sagst du?«

6 Das sagten sie aber, ihn zu versuchen, damit sie ihn verklagen könnten. Aber Jesus bückte sich und schrieb mit dem Finger auf die Erde.

7 Als sie nun fortfuhren, ihn zu fragen, richtete er sich auf und sprach zu ihnen: »Wer unter euch ohne Sünde ist, der werfe den ersten Stein auf sie.«

8 Und er bückte sich wieder und schrieb auf die Erde.

9 Als sie aber das hörten, gingen sie weg, einer nach dem andern, die Ältesten zuerst; und Jesus blieb allein mit der Frau, die in der Mitte stand.

10 Jesus aber richtete sich auf und fragte sie: »Wo sind sie, Frau? Hat dich niemand verdammt?«

11 Sie antwortete: »Niemand, Herr.« Und Jesus sprach: »So verdamme ich dich auch nicht; geh hin und sündige hinfort nicht mehr.«

Sie zittert noch am ganzen Körper, und nur ganz allmählich weichen Angst und Anspannung von ihr. Fast wäre sie gerade umgebracht worden. Der Tod stand ihr sicher vor den Augen. Doch nun lebt sie.

Deborah heißt sie, diese Frau. Deborah ist schön; ein bisschen zu schön vielleicht?

Immer wieder spürte sie die Blicke hinter sich, wenn sie durch die Straßen von Jerusalem ging. Männeraugen verfolgten sie. Kleine Pfiffe konnte sie hören. Männer tuschelten miteinander über ihre gute Figur. Sie spürte die Atmosphäre, die in der Luft lag. So mancher wäre ihr wohl gern gefolgt. Wo es auf dem Markt enger wurde, war manche Berührung nicht ganz so zufällig, wie es scheinen sollte. Mancher zog sie mit seinen Blicken fast aus.

Für Deborah hatte das zwei Seiten: Auf der einen Seite war es schön für sie, attraktiv und begehrenswert zu erscheinen. Sie freute sich darüber, wenn sie gut ankam, wenn sie bewundert und begehrt wurde. Ihr Ehemann machte ihr kaum noch Komplimente. Er hatte sich doch schon sehr an sie gewöhnt. Ihre Ehe war mitunter langweilig. Er nahm seine Frau als Selbstverständlichkeit hin.

Auf der anderen Seite spürte Deborah an den Blicken, die sie auf den Straßen verfolgten: »Die wollen nur das Eine. Sie wollen ihren Spaß an mir haben. Was ich selbst will, interessiert sie wohl weniger.« Manchmal fühlte Deborah sich einfach nur belästigt von den Männern, die sie mehr oder weniger offen umwarben.

Deborah machte ein Spiel daraus: Sie ließ die Männer zappeln. Mal lachte sie zurück; dann schaute sie wieder weg, wenn einer angebissen hatte. Auch umgekehrt war es oft ein Spiel: Ein richtiger Mann hatte den feurigen Liebhaber zu spielen, aber zum Äußersten durfte es nicht kommen.

Das Spiel mit dem Feuer ist spannend, aber es ist auch gefährlich. Manchmal kann das Feuer aus der Kontrolle geraten; und so ist es eines Tages passiert. Beide sind sie einen Schritt zu weit gegangen. Sie hat nicht nein gesagt, und er natürlich auch nicht. Doch die Wände waren dünn; die Vorhänge am Fenster erst recht.

So hat man sie entdeckt. Man hat sie entdeckt? Mann mit zwei »n«: Männer haben sie entdeckt beim Ehebruch. Sie wird fortgeschleppt. Ihr Liebhaber verdrückt sich. Merkwürdig, dass ihn keiner festhält! Hat er nicht genauso im Bett gelegen? Ist er nicht genauso am Ehebruch beteiligt gewesen wie sie?

Deborah wird weggeschleppt. Eine ganze Horde Männer führt sie. Jeder muss sie anfassen und festhalten. Ist sie so gefährlich? Oder ist das endlich mal eine Situation, wo man sie angrabschen kann, wie man will? In dieser Situation kann sie sich nicht wehren. Ihre Ehre ist ja offensichtlich dahin. So kann sich jeder noch ein Stück von ihr erobern und sie dabei gleichzeitig verachten.

Nach dem Weg zum Vorhof des Tempels sieht Deborah nur noch Männerfüße um sich, die unruhig und zugleich angespannt hin und her treten. Rings um sich herum sieht sie diese Füße. Sie schaut nach unten. Natürlich schaut sie nach unten; wohin sonst? Und sie steht mitten in einem Kreis von Männern, die etwas vorhaben.

Einer scheint nicht dazuzugehören. Die anderen halten etwas Abstand. Und schon erfährt sie, was die Männer vorhaben mit ihr, denn einer fängt an zu reden:

»Meister, diese Frau ist auf frischer Tat beim Ehebruch ergriffen worden. Mose aber hat uns im Gesetz geboten, solche Frauen zu steinigen. Was sagst du?«

Deborah spürt, dass es um sie selbst nur in zweiter Linie geht. Wichtiger ist ihnen wohl die Auseinandersetzung mit dem Mann, von dem alle ein wenig Abstand gehalten haben. Wer mag das sein?

Er sagt nichts. Er könnte es sich doch ganz leicht machen und sagen: »Ja, das stimmt!« Deborah weiß, dass es in der Bibel steht: Wenn zwei beim Ehebruch ertappt werden, sollen sie beide mit Steinen tot geworfen werden. So soll das Böse aus der Welt geschafft werden. Dabei wirft der Zeuge den ersten Stein. Gleich wird er es sagen, und dann wird das Unglück seinen Lauf nehmen.

Er schweigt. Deborah sieht nicht mehr nur Füße, sondern der Gefragte bückt sich. Er geht in die Hocke und kommt in ihr Blickfeld. Er nimmt einen Finger und schreibt in den Staub. Er macht sich für sie die Finger schmutzig! Von da unten kann er ihr ins Gesicht sehen; und Deborah sieht sein Gesicht.

Sie kennt ihn. Dieser Jesus ist bekannt. Er strahlt soviel Liebe aus, aber er ist nicht überall beliebt. Er hat die falschen Freunde. Man nennt ihn den Freund der Sünder. Mit Huren isst er an einem Tisch, und betrügerische Zöllner duzen sich mit ihm. Gottlose Menschen, von Gott Bestrafte, Kranke, Fremde, alles mögliche Pack sucht bei ihm Halt. Die alle nimmt dieser Jesus an. Er akzeptiert sie und schenkt ihnen seine Zuwendung ohne einen Hauch von Überheblichkeit oder Verachtung.

»Sicherlich hätte er auch für mich Verständnis«, denkt Deborah. »Aber jetzt geht es wohl mehr um ihn. Er muss seine Haut retten. Denn dies ist eine Falle, und ich bin nur das Mittel zum Zweck.«

Es gibt da einen Streit: Viele im Volk halten Jesus für einen Propheten. Einige halten ihn sogar für den Gesalbten Gottes, für den Christus, für den Messias. Andere wollen ihn abservieren. So suchen sie Gründe und Beweise, weshalb dieser Jesus nicht Prophet oder noch mehr sein kann.

»Wenn dieser Jesus nun sagen wird, dass sie mich laufen lassen sollen, dann stellt er sich gegen Gottes Gesetz. Das ist dann der Beweis, dass er kein Prophet sein kann und schon gar nicht der Messias. Sie werden ihn dann verklagen, und er hat verspielt. Das kann er nicht tun«, denkt Deborah.

»Wenn dieser Jesus jetzt gleich sagt: ›Ja, haltet Euch an Gottes Gesetz; steinigt sie!‹, dann zieht er seinen Kopf aus der Schlinge.« Natürlich hätte er damit dann seine Botschaft verraten. Er hat ja immer gesagt, dass er für die Schuldigen da ist. Er hat immer davon gesprochen, dass Gottes Liebe ein Geschenk ist, das man sich nicht verdienen muss und nicht verdienen kann. Mit wie viel Vergleichen und wie viel Geschichten hat er von Gottes Freude gesprochen, wenn jemand, der schwere Schuld auf sich geladen hat, von Gott wiedergefunden wird!

Wie wird Jesus sich entscheiden: Für die Wahrheit des Gesetzes Gottes oder für die Liebe zu einem schuldig gewordenen Menschen?

Die Männer lassen nicht locker. Sie verlangen eine Antwort. Nach einer Weile richtet Jesus sich wieder auf. »Jetzt wird sich entscheiden, ob ich leben kann oder nicht«, denkt Deborah.

»Wer unter euch ohne Sünde ist, der werfe den ersten Stein auf sie«, sagt Jesus. Und er bückt sich wieder und schreibt auf die Erde. Er will etwas Ruhe und Nachdenken in die Situation hineinkommen lassen. Eine hitzige Debatte würde die Fronten nur verhärten. Vorwürfe und Anklagen würden wohl auf Deborahs Rücken ausgetragen, weil sie hier die Schwächste ist. Manchmal schaut Jesus beim Schreiben etwas hoch zu Deborah und lächelt sie an – ein wenig verschmitzt sogar.

»Der kennt die Menschen wirklich« denkt Deborah. »Fast jeder von denen, die hier herumstehen, hätte mich gern selbst mal in seinem Bett vernascht. Und was liegt da näher, als die eigenen unerlaubten Wünsche zu verdrängen und sie dann am anderen Menschen anzuklagen? Meistens verurteile ich ja am anderen genau das, was ich an mir selbst nicht mag. So einfach kann man sich das machen. Wer so hart zu anderen sein muss, der hat keinen Frieden mit sich selbst. Vielleicht fällt ihnen jetzt auch ein, dass hier nur die untreue Frau büßen sollte. Ihr männlicher Geschlechtsgenosse war doch genauso beteiligt. Aber das scheint etwas anderes zu sein, ob ein Mann oder eine Frau fremdgeht.«

Deborah bemerkt, dass Jesus den Ehebruch in eine andere Größenordnung hineingestellt hat: Er ist eine Sünde wie andere Sünden auch. Jede andere Verletzung oder Kränkung eines Menschen, jede Lieblosigkeit und jede Ungerechtigkeit kann genauso schwer oder noch schwerer wiegen. Die Frommen jedoch stürzen sich mit Vorliebe auf alles, was mit Sexualität zusammenhängt und machen das zur Größten aller Sünden. Vielleicht tun sie es, weil es ihnen Spaß macht, darüber in allen Einzelheiten zu sprechen? Vielleicht auch deshalb, weil Sex als das Vergnügen der kleinen Leute gilt? So braucht man die großen Ungerechtigkeiten der Mächtigen nicht in den Blick zu nehmen und kann davon ablenken.

»Wer unter euch ohne Sünde ist, der werfe den ersten Stein auf sie«, sagt Jesus, und er bückt sich wieder und schreibt auf die Erde. Er hockt da unten ganz nahe vor Deborah. Wenn jetzt einer wirft, wird dieser Stein wohl auch Jesus treffen, der da vor Deborah auf der Erde hockt und in den Staub schreibt.

Die Pharisäer und Schriftgelehrten sind keine schlechten Menschen. Sie bemühen sich um Ehrlichkeit und um ein verantwortliches Leben. Und wer wirklich ehrlich ist, weiß, wie viel sich hinter seiner eigenen Fassade verbirgt.

Sie müssen nichts sagen. Sie müssen nichts zugeben, sich nicht verteidigen und nichts beweisen. Jesus lässt ihnen die Möglichkeit, still fortzugehen. Er stellt keinen arroganten Blickkontakt her, der seine Gegner bloßstellt. Er kostet nicht seinen Triumph aus, der die anderen klein machen soll. Er lässt ihnen ihre Würde. Sie können sich zurückziehen, ohne ihr Gesicht zu verlieren.

Schließlich bleibt Jesus allein mit der Frau. Nun endlich richtet er sich auf und fragt sie: »Wo sind sie, Frau? Hat dich niemand verdammt?« Sie antwortet: »Niemand, Herr.« Und Jesus spricht: »So verdamme ich dich auch nicht. Auch du selbst brauchst dich nicht zu verdammen. Geh hin und verletze und kränke deinen Partner nicht weiter! Achte seine Würde so wie deine eigene!«

Josef ist schwul
Johannes 9. 1-41

1 Und Jesus ging vorüber und sah einen Menschen, der blind geboren war.

2 Und seine Jünger fragten ihn und sprachen: »Meister, wer hat gesündigt, dieser oder seine Eltern, dass er blind geboren ist?«

3 Jesus antwortete: »Es hat weder dieser gesündigt noch seine Eltern, sondern es sollen die Werke Gottes offenbar werden an ihm.

4 Wir müssen die Werke dessen wirken, der mich gesandt hat, solange es Tag ist; es kommt die Nacht, da niemand wirken kann.

5 Solange ich in der Welt bin, bin ich das Licht der Welt.«

6 Als er das gesagt hatte, spuckte er auf die Erde, machte daraus einen Brei und strich den Brei auf die Augen des Blinden.

7 Und er sprach zu ihm: »Geh zum Teich Siloah« – das heißt übersetzt: gesandt – »und wasche dich!« Da ging er hin und wusch sich und kam sehend wieder.

8 Die Nachbarn nun und die, die ihn früher als Bettler gesehen hatten, sprachen: »Ist das nicht der Mann, der dasaß und bettelte?«

9 Einige sprachen: »Er ist's«; andere: »Nein, aber er ist ihm ähnlich.« Er selbst aber sprach: »Ich bin's.«

10 Da fragten sie ihn: »Wie sind deine Augen aufgetan worden?«

11 Er antwortete: »Der Mensch, der Jesus heißt, machte einen Brei und strich ihn auf meine Augen und sprach: ›Geh zum Teich Siloah und wasche dich!‹ Ich ging hin und wusch mich und wurde sehend.«

12 Da fragten sie ihn: »Wo ist er?« Er antwortete: »Ich weiß es nicht.«

13 Da führten sie ihn, der vorher blind gewesen war, zu den Pharisäern.

14 Es war aber Sabbat an dem Tag, als Jesus den Brei machte und seine Augen öffnete.

15 Da fragten ihn auch die Pharisäer, wie er sehend geworden wäre. Er aber sprach zu ihnen: »Einen Brei legte er mir auf die Augen, und ich wusch mich und bin nun sehend.«

16 Da sprachen einige der Pharisäer: »Dieser Mensch ist nicht von Gott, weil er den Sabbat nicht hält.« Andere aber sprachen: »Wie kann ein sündiger Mensch solche Zeichen tun?« Und es entstand Zwietracht unter ihnen.

17 Da sprachen sie wieder zu dem Blinden: »Was sagst du von ihm, dass er deine Augen aufgetan hat?« Er aber sprach: »Er ist ein Prophet.«

18 Nun glaubten die Juden nicht von ihm, dass er blind gewesen und sehend geworden war, bis sie die Eltern dessen riefen, der sehend geworden war,

19 und sie fragten sie und sprachen: »Ist das euer Sohn, von dem ihr sagt, er sei blind geboren? Wieso ist er nun sehend?«

20 Seine Eltern antworteten ihnen und sprachen: »Wir wissen, dass dieser unser Sohn ist und dass er blind geboren ist.

21 Aber wieso er nun sehend ist, wissen wir nicht, und wer ihm seine Augen aufgetan hat, wissen wir auch nicht. Fragt ihn, er ist alt genug; lasst ihn für sich selbst reden.«

22 Das sagten seine Eltern, denn sie fürchteten sich vor den Juden. Denn die Juden hatten sich schon geeinigt: wenn jemand ihn als den Christus bekenne, der solle aus der Synagoge ausgestoßen werden.

23 Darum sprachen seine Eltern: »Er ist alt genug, fragt ihn selbst.«

24 Da riefen sie noch einmal den Menschen, der blind gewesen war, und sprachen zu ihm: »Gib Gott die Ehre! Wir wissen, dass dieser Mensch ein Sünder ist.«

25 Er antwortete: »Ist er ein Sünder? Das weiß ich nicht; eins aber weiß ich: dass ich blind war und bin nun sehend.«

26 Da fragten sie ihn: Was hat er mit dir getan? Wie hat er deine Augen aufgetan?«

27 Er antwortete ihnen:» Ich habe es euch schon gesagt, und ihr habt's nicht gehört! Was wollt ihr's abermals hören? Wollt ihr auch seine Jünger werden?«

28 Da schmähten sie ihn und sprachen: »Du bist sein Jünger; wir aber sind Moses Jünger.

29 Wir wissen, dass Gott mit Mose geredet hat; woher aber dieser ist, wissen wir nicht.«

30 Der Mensch antwortete und sprach zu ihnen: »Das ist verwunderlich, dass ihr nicht wisst, woher er ist, und er hat meine Augen aufgetan.

31 Wir wissen, dass Gott die Sünder nicht erhört; sondern den, der gottesfürchtig ist und seinen Willen tut, den erhört er.

32 Von Anbeginn der Welt an hat man nicht gehört, dass jemand einem Blindgeborenen die Augen aufgetan habe.

33 Wäre dieser nicht von Gott, er könnte nichts tun.«

34 Sie antworteten und sprachen zu ihm: »Du bist ganz in Sünden geboren und lehrst uns?« Und sie stießen ihn hinaus.

35 Es kam vor Jesus, dass sie ihn ausgestoßen hatten. Und als er ihn fand, fragte er: »Glaubst du an den Menschensohn?«

36 Er antwortete und sprach: »Herr, wer ist's? dass ich an ihn glaube.«

37 Jesus sprach zu ihm: »Du hast ihn gesehen, und der mit dir redet, der ist's.«

38 Er aber sprach: »Herr, ich glaube«, und betete ihn an.

39 Und Jesus sprach: »Ich bin zum Gericht in diese Welt gekommen, damit, die nicht sehen, sehend werden, und die sehen, blind werden.«

40 Das hörten einige der Pharisäer, die bei ihm waren, und fragten ihn: »Sind wir denn auch blind?«

41 Jesus sprach zu ihnen: »Wärt ihr blind, so hättet ihr keine Sünde; weil ihr aber sagt: ›Wir sind sehend‹, bleibt eure Sünde.«

Eine neue Geschichte von Jesus möchte ich erzählen, die sich noch nicht zugetragen hat – oder doch? Es ist die Geschichte von der Heilung eines Schwulen:

Nennen wir ihn einfach Josef. Er steht am Rande. Josef vermeidet es, Aufmerksamkeit zu erregen. Niemand soll mitbekommen, was in ihm vorgeht. Er hat Angst, es könne jemand merken, dass er schönen Männern hinterherschaut statt den Frauen.

Lange hat er gebraucht, bis er es sich selbst eingestanden hat. Mit Gebeten hat er versucht, es »wegzubekommen«, aber seine Gefühle sind nicht weggegangen. Er versucht, seine Veranlagung zu vertuschen, aber manche reden doch darüber: »Der ist immer noch nicht verheiratet – da stimmt doch was nicht!« Manchmal merkt Josef, wie über ihn getuschelt wird. Dann bekommt er einen roten Kopf.

Jesus sieht ihn und sieht ihn an. Josef merkt: Der sieht mehr als mein Äußeres. Der sieht meine Gedanken, meine Gefühle und alles, was in mir wühlt. Und er denkt: »Vielleicht kann dieser Jesus mir ja helfen, wie er anderen geholfen hat! Vielleicht werde ich normal. Dann kann ich heiraten und Kinder haben. Dann werde ich ein angesehenes Mitglied meiner Stadt.«

Einer von denen, die schon öfters über Josef getuschelt haben, fragt Jesus laut: »Wie kommt es eigentlich, dass jemand schwul wird? Ist der mit Absicht abartig und sündig? Oder liegt es an der Erziehung? Ist die beherrschende Mutter daran schuld? Ist das Vererbung? Ist es eine Krankheit? Hat ihn jemand als Kind verführt?«

Jeder weiß, wer gemeint ist. Alle starren auf Josef. Er wünscht sich, dass der Boden sich auftut und er verschwinden kann. Doch der Boden tut sich nicht auf, und ihm bleibt nichts, als zuzuhören, wie Jesus antwortet: »Homosexualität hat überhaupt nichts mit Schuld zu tun. Weder ist Josef sündiger als andere noch ist er krank. Es ist unnötig, nach der Entstehung von Homosexualität zu fragen, weil sie kein Makel ist. Man muss sie genauso wenig begründen wie die Tatsache, dass einige Menschen Linkshänder sind. Josef ist so, wie Gott ihn geschaffen hat und wie er ihn haben wollte.«

Jesus nimmt ihn in den Arm und führt ihn aus dem Schatten ins Licht. Er streicht ihm über die Wangen und sagt: »Du musst nicht ›normal‹ werden. Du bist in Ordnung, wenn du einen Mann liebst. Versteck dich nicht! Schäm dich nicht für dein Schwulsein. Du bist was wert. Lass dich nicht fertig machen, sondern tritt anderen entgegen, die dir was wollen.«

Josef lernt, sich zu akzeptieren. Er verliert seine Gewissensbisse. Er wird selbstbewusst und froh – und auch ein bisschen frecher als früher, denn er lässt sich nicht mehr alles gefallen. Manchmal provoziert er auch den einen oder die andere.

Die Nachbarn und alle, die Josef gekannt haben, fragen: »Ist das noch der Mann, der früher immer so verschlossen und kleinlaut gewesen ist? Er war doch immer nett und angepasst. Nie hatte er ein Wort des Widerspruchs. Immer war er froh, wenn jemand nett zu ihm war. Kann der sich so verändert haben?« Er selbst gibt die Antwort: »Ja, ich bin es! Ich bin jetzt ich! Und wem das nicht passt, der hat Pech gehabt!«

Da fragen sie ihn: »Wieso hast du dich so verändert? Wir haben dich doch ganz anders gekannt.« Er antwortet: »Ein Mensch, der Jesus heißt, der hat mir die Augen geöffnet. Ich weiß jetzt, dass ich schwul bin und schwul sein darf. Das ist keine Schande. Und ich will, dass ihr mich so akzeptiert, wie ich bin.«

Da führen sie ihn zu den Frommen. Die fragen ihn wieder: »Wie kommst du zu der irrigen Annahme, dass du als praktizierender Homosexueller ein vollwertiges Mitglied unserer Gemeinde sein könntest? Wieso schämst du dich nicht für diese Behinderung und behältst das nicht still für dich?«

Und Josef erzählt seine Geschichte noch einmal.

Da sagen einige von den Frommen: »Dieser Jesus ist nicht von Gott. Er achtet nicht unsere Ordnungen zur Ehe. Er missachtet auch die entsprechenden Bibelstellen unserer Vorväter!«

Andere kommen ins Nachdenken, und es kommt zu einem Streit zwischen ihnen. Die Gemeinde droht auseinander zu fallen. Einige fragen Josef: »Was hältst du von diesem Jesus?« Er antwortet: »In ihm ist mir ein Prophet Gottes begegnet.«

Viele können es nicht glauben: Schwul und selbstbewusst – das geht doch nicht! Also: Eines von beidem kann nicht stimmen. Sie fragen seine Eltern. Die sagen: »Wir wissen von nichts.«

Sie haben Angst, ins Abseits zu geraten. Sie wollen vor der Nachbarschaft bestehen. Sie sind doch immer anständig gewesen – und jetzt sollen sie da mit hineingezogen werden? Sie sind hilflos. Sie haben ja nie mit ihrem Sohn über dieses Thema gesprochen. In den Rücken wollen sie ihm nicht fallen – hier in aller Öffentlichkeit. Aber dass sie seine Homosexualität akzeptieren und sich hinter ihn stellen, kann er ja wohl auch nicht erwarten. So kommt ihnen ein einziger rettender Gedanke: »Josef ist volljährig. Lasst uns da raus und macht das mit ihm ganz allein aus!«

Die Frommen rufen Josef noch einmal zu sich: »Bekehre dich zu Gott! Lenke dein Leben in geordnete Bahnen! Dieser Mensch, der dich beschwatzt hat, ist ein Sünder.«

Josef lächelt sie an: »Ob dieser Mensch ein Sünder ist, kann ich nicht beurteilen, aber in einem bin ich mir sicher: Er hat mir die Augen geöffnet. Ich hatte Angst, und jetzt kann ich leben. Und ich bin mir sicher: Gott will mich so haben, wie ich bin.«

Da fragen sie ihn noch einmal: »Was hat er mit dir nur gemacht? Wie hat er dir das eingeredet?«

Josef antwortet: »Ich habe es euch schon gesagt, doch ihr habt ja nicht zugehört! Wozu wollt ihr es noch einmal hören? Wollt ihr etwa nachdenken und euch womöglich noch überzeugen lassen?«

Da beschimpfen sie ihn: »Du bist ja ganz in deinem Schwulsein gefangen! Wir halten uns an Gottes Gebote, wie sie in der Bibel bezeugt sind. Wir folgen nicht unbesehen jeder Strömung des Zeitgeistes.«

Josef wird nun etwas lauter: »Da hat mich einer einmal wirklich akzeptiert und mich zu mir selbst finden lassen. Dieser Jesus hat mir meine Lebensangst genommen und mich glücklich gemacht – und ihr labert vom Zeitgeist! Nein, ich weiß, dass aus diesem Menschen Gott zu mir gesprochen hat. Ich weiß, dass da ein Wunder an mir geschehen ist. Da könnt ihr meinen, was ihr wollt.«

Da sagen sie zu ihm: »Du schwule Sau willst uns mit deinem perversen Denken belehren?« Und sie stoßen ihn hinaus.

Josef ist draußen. Als schwachen, an sich selbst leidenden Sünder haben sie ihn noch toleriert. Aber als selbstbewussten Mann, der ihre Normen in Frage stellt und ihre Akzeptanz verlangt, haben sie kein Verständnis mehr für ihn übrig. Wenn er nicht anders will, muss er eben gehen!

Als Ausgestoßener ist Josef traurig und verzweifelt, aber er verzweifelt nun nicht mehr über sich selbst. Er verzweifelt über die hartnäckigen Vorurteile. Er ist traurig über die Verständnislosigkeit und Lieblosigkeit gerade der Menschen, die Gott nahe stehen wollen.

Dort draußen in der Wüste der Verzweiflung sucht Jesus ihn – und er findet ihn. Jesus fragt Josef: »Was meinst du, wer das letzte Wort behalten wird: Menschen mit ihren Vorurteilen, Normen und Gesetzen? Oder vertraust du darauf, dass Gott das letzte Wort haben wird?«

Josef ist niedergeschlagen: »Das ist so schwer, denn die Menschen, die mich angreifen und verletzen, sind konkret. Ihre Schläge spüre ich. Sie tun weh. Gott aber ist nicht immer so deutlich spürbar. Manchmal frage ich mich, wo er bleibt und warum er mir nicht hilft.«

Jesus tröstet ihn: »Du darfst dir sicher sein, dass Gott dir in mir begegnet ist. In Gottes Stellvertretung bin ich in die Welt gekommen, um den Benachteiligten die Augen zu öffnen. Ihr, die ihr der Gesellschaft nicht genügt, sollt Selbstachtung gewinnen. Euch möchte ich den Mut schenken, euch selbst anzuschauen und euch anzunehmen, wie ihr seid. Steht selbstbewusst zu all dem, was eure Person ausmacht!

Und die, die immer schon alles ›richtig‹ gemacht haben und bei denen immer alles gerade geht: Die werden blind. Sie hinterfragen ihre Normen und Grundsätze nicht, weil Normalität für sie das Wichtige ist. Aber deren Regeln werden hohl und wertlos. Diese Menschen müssen ihre eigene Lebendigkeit abtöten, damit sie in ihr eigenes festes Schema passen. Sie verlieren ihre eigene Persönlichkeit aus dem Blick. Sie werden zu funktionierenden Maschinen. Sie werden zu Masken, die erstarrt sind. Sie können sich selbst nicht mit ihrem ganzen Menschsein lieben, und so lieben sie auch andere nicht mit ihrem Menschsein. Viele merken selbst nicht, wie sie mit sich und mit anderen umgehen. Aber wer die Fähigkeit hat, über sich selbst nachzudenken, der hat auch die Verantwortung, sich dieser Mühe zu unterziehen.«

Wenn Gott meine Gebete nicht erhört
Johannes 11

1 Es lag aber einer krank, Lazarus aus Betanien, dem Dorf Marias und ihrer Schwester Marta.

3 Da sandten die Schwestern zu Jesus und ließen ihm sagen: »Herr, siehe, der, den du lieb hast, liegt krank.«

6 Als er nun hörte, dass er krank war, blieb er noch zwei Tage an dem Ort, wo er war;

7 danach spricht er zu seinen Jüngern: »Lasst uns wieder nach Judäa ziehen!«

11 Das sagte er, und danach spricht er zu ihnen: »Lazarus, unser Freund, schläft, aber ich gehe hin, ihn aufzuwecken.«

12 Da sprachen seine Jünger: »Herr, wenn er schläft, wird's besser mit ihm.«

13 Jesus aber sprach von seinem Tode; sie meinten aber, er rede vom leiblichen Schlaf.

14 Da sagte es ihnen Jesus frei heraus: »Lazarus ist gestorben.«

17 Als Jesus kam, fand er Lazarus schon vier Tage im Grabe liegen.

32 Als nun Maria dahin kam, wo Jesus war, und sah ihn, fiel sie ihm zu Füßen und sprach zu ihm: »Herr, wärst du hier gewesen, mein Bruder wäre nicht gestorben.«

33 Als Jesus sah, wie sie weinte und wie auch die Juden weinten, die mit ihr gekommen waren, ergrimmte er im Geist und wurde sehr betrübt

34 und sprach: »Wo habt ihr ihn hingelegt?« Sie antworteten ihm: »Herr, komm und sieh es!«

35 Und Jesus gingen die Augen über.

36 Da sprachen die Juden: »Siehe, wie hat er ihn liebgehabt!«

37 Einige aber unter ihnen sprachen: »Er hat dem Blinden die Augen aufgetan; konnte er nicht auch machen, dass dieser nicht sterben musste?«

38 Da ergrimmte Jesus abermals und kam zum Grab. Es war aber eine Höhle, und ein Stein lag davor.

39 Jesus sprach: »Hebt den Stein weg!« Spricht zu ihm Marta, die Schwester des Verstorbenen: »Herr, er stinkt schon; denn er liegt seit vier Tagen.«

41 Da hoben sie den Stein weg.

43 Als er das gesagt hatte, rief er mit lauter Stimme: »Lazarus, komm heraus!«

44 Und der Verstorbene kam heraus, gebunden mit Grabtüchern an Füßen und Händen, und sein Gesicht war verhüllt mit einem Schweißtuch. Jesus spricht zu ihnen: »Löst die Binden und lasst ihn gehen!

Die Geschwister Marta und Lazarus sind alt geworden. Jesus ist längst nicht mehr auf Erden, und auch ihre Schwester Maria ist schon seit einigen Monaten begraben. Lazarus und Marta sprechen wieder einmal über Marias Krankheit und ihr Sterben. Plötzlich fragt Lazarus seine Schwester: »Wie war das eigentlich damals, als ich so sehr krank war?«

Eigentlich redet Marta nicht gern darüber, aber als sie seine fragenden Augen sieht, entschließt sie sich doch, über die schwere Zeit damals zu sprechen.

»Du weißt, Lazarus, wie du im Bett lagst. Du hattest Schmerzen, die immer stärker wurden. Das Fieber hat dich geschüttelt. Der Schweiß stand dir auf der Stirn. Maria und ich haben versucht, dir zu helfen – mit aller Medizin, die zu bekommen war.

Als es immer schlimmer wurde, haben wir Freunde losgeschickt, die Jesus suchen sollten. Er hatte doch so vielen Menschen geholfen. Er hatte unser Vertrauen. Wir wussten, wie gern er dich hatte. Die Freunde haben ihn auch gefunden und ihm erzählt, wie schlecht du zurecht warst. Eigentlich hatten wir erwartet: Er lässt alles stehen und liegen, kommt zu dir und heilt dich. Aber wir warteten, und er kam nicht.

Wir haben gegrübelt, was der Grund sein könne. War seine Freundschaft so wenig wert? Waren wir ihm egal? Hat er uns vergessen? War er böse auf uns, ohne dass wir es gemerkt hatten? Wir fanden keine Erklärung dafür, dass er unserer Bitte nicht nachkam.«

Marta stockt in ihrer Erzählung, weil ihr Bruder den Mund öffnet und etwas sagen will.

»So ähnlich ist es mir ergangen, als Maria krank geworden ist«, beginnt er. »Ich habe zu Gott gebetet, dass er helfen soll. Ich habe gedacht: ›Bisher hat er es doch immer gut mit uns gemeint. Gott hat uns geführt, uns beigestanden, mir damals so ganz besonders geholfen. Maria hatte sich immer an Gott festgehalten und viel Gutes getan.‹ Als es Maria immer schlechter gegangen ist, habe ich überlegt, ob Gott uns vergessen hat. Ich habe überlegt, ob er uns strafen will. Ich wusste nicht mehr, woran ich mit ihm war. Und als sie dann gestorben ist, sind mir alle Gebetsversuche im Halse stecken geblieben. Ich konnte nicht mehr beten. Ich war zu enttäuscht und wütend auf Gott. Ich habe nächtelang wach gelegen mit der Frage: Warum? Warum musste sie sterben? Warum haben die Ärzte nicht helfen können? Warum sind meine Gebete nicht erhört worden? Warum ist Gott so gnadenlos und ungerecht?«

Marta spürt, wie diese Frage wieder und wieder an ihm nagt. »Ja, diese Frage haben wir uns damals auch gestellt, als du krank warst und dann gestorben bist. Wir wollten in unseren Gedanken immer wieder die Uhr zurückdrehen. ›Wenn Jesus hier gewesen wäre, hätte er dir geholfen. Wenn wir deine Krankheit eher bemerkt und ernst genommen hätten, hätten wir rechtzeitiger Hilfe holen können. Wenn wir noch andere Ärzte hinzugezogen hätten, wäre es vielleicht nicht so weit gekommen. Wenn du eher von deinem Unwohlsein gesprochen hättest, dann…‹ Ach, immer wieder kreisten die Vorwürfe durch meinen Kopf. Vorwürfe gegen mich selbst, gegen dich, gegen Jesus, gegen Gott. Es war schrecklich, dieses Fragen ohne Antwort!

Maria und ich waren sehr enttäuscht und wütend damals. Als wir hörten, dass Jesus endlich gekommen sei, ist Maria ihm erst einmal gar nicht entgegengegangen. Natürlich hatten wir das Haus voll Besuch. Viele Verwandte, Freunde und Nachbarn waren gekommen, um uns beizustehen und zu trösten. Aber sicherlich war auch der Gedanke dabei gewesen: ›Wenn er uns hier hängen lässt, dann kommen wir ihm auch nicht entgegen. Er hat uns im Stich gelassen; dann zeigen wir ihm auch die kalte Schulter.‹

Maria ist dann auch erst mal zu Hause geblieben. Ich bin schließlich doch losgegangen, um ihm meine Vorwürfe entgegenzuschleudern. Das musste ich erst mal loswerden: ›Wenn du eher gekommen wärst, dann wäre mein Bruder nicht gestorben. Du trägst mit Schuld, dass es so weit gekommen ist!‹

Das musste erst mal raus aus mir. Danach war wieder Platz auch für andere Gedanken. Da war nämlich auch noch ein ganz kleiner Funke Hoffnung. Ich wusste gar nicht genau, worauf ich hoffen sollte und worum ich Jesus bitten sollte. Ich hatte nur das Gefühl, Jesus könne noch irgendetwas für dich tun.«

Lazarus versteht noch nicht recht und fragt nach: »Was ging dir denn da durch den Kopf?« Martha denkt nach: »Trotz allem, was an Schrecklichem geschehen war, hatte ich das Gefühl: Jesus hat eine ganz besondere Verbindung zu Gott, und er kann bei Gott ein gutes Wort für dich einlegen. Dass du wieder lebendig werden könntest, habe ich eigentlich nicht zu glauben gewagt. Eher vielleicht, dass Gott dich liebevoll aufnehmen sollte, wenn er alle Menschen vor seinen Thron ruft. Ja, wenn er dich schon nicht vor dem Sterben bewahrt hat, dann sollte er wenigstens noch für deine Seele sorgen. Wir haben auch über die Auferstehung gesprochen. Aber wirklich berührt hat mich das eigentlich nicht. Das war so weit weg von meiner eigenen Erfahrung. Dass du auferstehen würdest, das war eher ein auswendig gelernter Satz, der mich innerlich kalt gelassen hat. Ich hatte dich verloren. Deine Lebendigkeit und Nähe haben mir gefehlt. Ich konnte mir zwar mit dem Kopf sagen: ›Es gibt am letzten aller Tage einmal eine Auferstehung‹, aber dieser Gedanke hat mein Herz nicht erreicht.«

»Und wie ging es dann weiter?«, fragt Lazarus.

»Dann hat Jesus zwei merkwürdige Sätze zu mir gesagt: ›Das Leben und die Auferstehung sind nicht unendlich weit weg, sondern sie stehen direkt vor dir! Sie sind nicht auswendig gelernte graue Theorie, sondern ganz konkret. So nahe, wie ich selbst jetzt vor dir stehe.‹«

»Das verstehe ich nicht«, meint Lazarus.

»Ich selbst habe das auch erst ein paar Wochen später begriffen«, meint Marta. »Wirklich verstanden habe ich es erst, als Jesus gestorben war und dann doch wieder unter uns lebendig war. Da bin ich zu der inneren Überzeugung gekommen: Das Sterben zerstört nicht unsere ganze Existenz, sondern nur den Körper. Trotzdem gibt es noch eine Form von Leben in einer anderen Welt, die wir nicht recht begreifen oder beschreiben können. Als Jesus damals davon gesprochen hat, konnte ich das aber nicht so formulieren. Ich konnte nur sagen, dass ich ihm vertraue, weil er einen ganz engen Kontakt mit Gott hat.«

»Wie kommt es, dass ich nun wieder lebe?«, fragt Lazarus.

Marta weiß keine rechte Antwort. »Ich habe das eigentlich nicht für möglich gehalten. Wir hatten dich für tot gehalten, dich ins Felsengrab gelegt und die Kammer mit einem großen Stein verschlossen. Jesus hat das Grab öffnen lassen, dich gerufen und du kamst heraus. Ob du nur scheintot gewesen bist oder ob er dich lebendig gemacht hat – ich weiß es einfach nicht. Hast du denn eine Erinnerung daran?«

»Nein, ich weiß nichts von dieser Zeit. Deshalb habe ich dich ja gefragt, weil mir diese Tage in meinem Gedächtnis fehlen. Alles ist mir so unerklärlich. So viele Fragen sind für mich offen: ›Warum ist das alles mit mir geschehen? Warum ist Maria nicht auch wieder aufgeweckt worden? Und was wird eigentlich später sein? Werde ich dann auch wieder sterben wie jeder andere Mensch? ‹«

Marta nimmt die Hand ihres Bruders. »Ich glaube, dass Jesus uns mit dieser Geschichte unsere Angst vor dem Sterben nehmen wollte. Er wollte uns und vielen anderen Menschen zeigen: Ich bin stärker als der Tod. Ich kann lebendig machen auch dann, wenn es keiner mehr für möglich hält. Im Einzelfall kann das auf dieser Welt geschehen mit Wundern, die man nicht erklären kann. Aber auch, wenn jemand nicht auf so wunderbare Weise gerettet wird wie du, Lazarus, dann darf er sich an Jesus festhalten.«

Lazarus fällt ihr ins Wort: »Mir fällt gerade auf, dass Jesus kurz danach fast das Gleiche mitgemacht hat wie ich! Auch er ist ja gestorben, in ein Felsengrab gelegt worden, und nach drei Tagen hat man nur noch seine Leichentücher gefunden. Dann war meine Zurückführung ins Leben vielleicht als ein kleines Zeichen und eine Glaubenshilfe gedacht?«

»So ähnlich ist mir das auch schon oft durch den Kopf gegangen«, ergänzt Marta. »Er hat gesagt: ›Ich bin die Auferstehung und das Leben. Wer auf mich vertraut, der wird leben, auch wenn er stirbt.‹ Mit deinem Sterben und deiner Wiedererweckung wollte er uns auf seinen eigenen Tod vorbereiten. Und vor allem wollte er uns wohl auf seine eigene Auferstehung vorbereiten. Er wollte uns zeigen, dass bei Gott nichts unmöglich ist – auch, wenn unser Verstand zu klein ist, das wirklich zu verstehen.«

»Vielleicht ist das noch wichtiger als die Lebenszeit, die ich jetzt noch dazu gewonnen habe«, meint Lazarus sinnend. »Wenn ich weiß, dass die Auferstehung der Toten nicht nur ein leeres Wort ist, sondern dass Jesus ganz voll und lebendig dahintersteht, dann kann ich an den Tod unserer Schwester Maria viel beruhigter und angstfreier denken. Wenn unser Freund Jesus sie empfangen hat und in Liebe für sie sorgt, dann kann es ihr nicht schlecht ergehen. Weil ich ihm ganz persönlich vertraue, kann ich auch ohne Sorge an meinen eigenen Tod denken. Es kann mir nichts Schlimmes geschehen, weil seine Hand mich niemals loslässt.«

Ein Esel muss nicht dumm sein!
Johannes 12, 12-19

12 Als am nächsten Tag die große Menge, die aufs Fest gekommen war, hörte, dass Jesus nach Jerusalem käme,

13 nahmen sie Palmzweige und gingen hinaus ihm entgegen und riefen: »Hosianna! Gelobt sei, der da kommt in dem Namen des Herrn, der König von Israel!«

14 Jesus aber fand einen jungen Esel und ritt darauf, wie geschrieben steht:

15 »Fürchte dich nicht, du Tochter Zion! Siehe, dein König kommt und reitet auf einem Eselsfüllen.«

16 Das verstanden seine Jünger zuerst nicht; doch als Jesus verherrlicht war, da dachten sie daran, dass dies von ihm geschrieben stand und man so mit ihm getan hatte.

17 Das Volk aber, das bei ihm war, als er Lazarus aus dem Grabe rief und von den Toten auferweckte, rühmte die Tat.

18 Darum ging ihm auch die Menge entgegen, weil sie hörte, er habe dieses Zeichen getan.

19 Die Pharisäer aber sprachen untereinander: »Ihr seht, dass ihr nichts ausrichtet; siehe, alle Welt läuft ihm nach.«

Sie glauben, Esel seien dumm? Nein – Benni jedenfalls nicht! Benni ist so ein Grautier mit vier Buchstaben. Benni hat große Ohren, mit denen er nicht nur Geräusche hört oder das, was laut gesagt wird. Vieles fängt er damit auf, was zwischen den Zeilen unausgesprochen bleibt. Benni hat große Augen, mit denen er nicht nur sieht, was allgemein sichtbar ist. Er schaut damit manchmal auch bis in die Herzen der Menschen hinein. Benni hat eine feine Nase, die nicht nur Gras von Klee unterscheiden kann. Er erschnuppert damit auch Atmosphären und spürt, was in der Luft liegt. Benni hat ein Maul, das nicht nur zum Fressen und zum »I-A«-Schreien gut ist. Nein, er kann auch erzählen – und er erzählt gern!

»Ich bin ja auch was Besonderes!« – Sie merken schon, dass er sich kaum zurückhalten lässt. »Schon mein Großvater war ein besonderer Esel. Der stammte aus Bethlehem. Dort in seinem Stall ist ein Kind geboren worden. Das hat in seiner Futterkrippe gelegen, und er hat es mit seinem Atem gewärmt. Und dann hat er es bis nach Ägypten getragen! Ja, der ist weit herumgekommen, mein Großvater. Ich bin sein Enkel, und ich hab auch was Besonderes erlebt. Ich habe einen König getragen, und die Leute haben ihm und mir zugejubelt wie verrückt! Aber lasst mich ganz von vorn beginnen:

Ich war noch recht jung, und ich lebte in einem kleinen Dorf in der Nähe der prächtigen Stadt Jerusalem, am Ölberg. Von dort aus konnte man hinüberschauen auf die ganze Stadt! Der Tempel glänzte in der Sonne. Viele Menschen kamen des Wegs – vor allem, wenn das Passahfest nahte. Ich stand also da und war an die Haustür angebunden. Normalerweise hatte ich nichts zu tun. Ich trottete hinter meiner Mutter her, wenn sie arbeitete und Lasten trug. Manchmal wurden mir auch schon zwei Körbe über den Rücken gehängt, aber geritten hatte noch niemand auf mir. Als ich an diesem Tag in der Sonne vor mich hin döste, kamen zwei Männer, die mich losbanden. Ich kannte sie nicht und rief ›I-A!‹ – das hieß in diesem Fall: ›Ihr könnt mich doch hier nicht einfach so wegholen!‹ Mein Besitzer schaute dann auch gleich zur Tür heraus und fragte die beiden Männer, was sie denn da machten. Sie meinten nur: ›Der Herr braucht ihn, und er schickt ihn wieder zurück.‹

Mein Futtergeber war ein gutmütiger Mann und ließ sie mit mir ziehen. Sie brachten mich zu ihrem Meister, legten mir ein paar Kleider auf den Rücken, und er setzte sich drauf. Mir fiel gleich auf, dass sie ihren Meister mit dem Namen ›Jesus‹ anredeten. So hatte auch das Kind geheißen, das in der Krippe meines Großvaters gelegen hatte und mit ihm nach Ägypten gezogen war.

Obwohl so ein Mann gar nicht so leicht zu tragen ist, verstanden wir uns sofort. Er hatte keine Peitsche dabei. Er vertraute mir, dass ich schon den richtigen Weg im richtigen Tempo gehen würde.

Ihr meint, das sei doch nichts Besonderes, dass jemand auf mir geritten sei? Auf jedem Esel der Welt würde jeden Tag jemand reiten? Mag sein! Aber auf mir ist ein König geritten! Ja, da staunt ihr, was? Leute kamen uns entgegengelaufen. Die haben Zweige von den Bäumen gerissen und uns damit zugewunken. Manche haben Grasbüschel ausgerissen und auf den Weg geworfen. Manche haben sogar ihren Umhang vor meine Füße gelegt, damit wir wie über einen Teppich gehen sollten. Sie haben sich verbeugt und immer wieder gerufen: ›Willkommen, König von Israel! Hosianna – hilf uns! Du bist von Gott berufen und sollst unser König sein! Du bist der Messias; auf dich haben wir gewartet!‹

Es war ein erhabenes Gefühl für mich, diesen König zu tragen. Sonst kamen die höheren Herren ja eher auf Pferden nach Jerusalem geritten. Da wirkten sie größer, und so ein Pferd macht ja auch was her. Mein Großvater hatte mir schon davon erzählt, dass zu dem Jesuskind in Bethlehem hohe Herren von weither gekommen waren, und die waren mit Pferden und Kamelen unterwegs, aber nicht mit einem Esel. Wir Esel sind ja eher das Reittier des kleinen Mannes! Wir kosten nicht viel und sind ziemlich anspruchslos.

Während ich so langsam vor mich hintrabte, überlegte ich für mich: ›Warum wurde ausgerechnet ich als Reittier ausgesucht? Warum kein Pferd oder Kamel? Warum nicht wenigstens ein großes, ausgewachsenes Muli?‹ Ich kam zu dem Schluss: Dieser Jesus wollte klein sein. Er wollte die anderen Menschen nicht überragen. Er wollte keine Stärke zur Schau stellen. Er wollte einer von den kleinen Leuten sein – bescheiden, ohne nach der Macht zu schielen. Die Menschen am Wegrand wollten ihn hochheben und zu ihrem Anführer machen, aber er nahm diese Rolle nicht an. Wahrscheinlich sollte er sie anführen gegen die Römer, die unser Land besetzt halten. Er sollte in Gottes Namen ihre Welt in Ordnung bringen, aber er ging einfach bescheiden seinen Weg, als ginge ihn das alles gar nichts an. Also, wenn ihr mich fragt: Ich hätte nichts dagegen gehabt, wenn dieser Jesus König geworden wäre. Dann hätte ich einen schönen Stall und immer gutes Futter bekommen. Ich hätte ein Leben als königlicher Reitesel schon zu schätzen gewusst!

Mit meinen großen Ohren habe ich hier und da genauer hingehört, wieso die Leute eigentlich so begeistert waren. Sie erzählten sich, dass Jesus einen Toten wieder lebendig aus seiner Grabkammer geführt habe. Vielen Menschen hatte er wohl geholfen, und nun hofften alle, dass er ihre Sehnsüchte stillen und ihre Probleme aus der Welt schaffen könne. Mit ihrer Begeisterung steckten sie sich gegenseitig an.

Manchmal wurde mir fast schwindelig von diesem Erleben. Wie oft begeistern sich Menschen für jemanden und beten ihn an. Aber wehe, er erfüllt ihre Erwartungen nicht! Wehe demjenigen, der die Menschenmenge enttäuscht! Dann schlägt die Begeisterung in Nullkommanichts um, und der gefeierte Held wird beschimpft und bespuckt. Dann lässt man ihn fallen und trampelt auf ihm herum.

Doch zurück zu diesem denkwürdigen Tag! Wir zogen also durch das Stadttor ein, durch das nach alter Überlieferung der Messias kommen sollte – der von Gott gesandte König, der die Menschheit erlösen sollte. War das der ersehnte Messias, den ich da trug?

Als wir in der Nähe des Tempels waren, stieg er ab, und ich wurde wieder nach Hause gebracht.

Nur wenige Tage vergingen, und ich sah ihn noch einmal wieder. Ich graste eines Abends in einem Garten am Ölberg, als er mit einigen seiner Freunde in diesen Garten kam. Todesangst war in sein Gesicht geschrieben. Er ließ seine Freunde zurück und ging allein, um zu beten. Zuerst weinte und zitterte er. Er bat Gott, sein Schicksal zu wenden. Aber dann hatte ich den Eindruck: Er hat sich entschlossen, einen schweren Weg zu gehen. Er wollte nicht, dass Gott ihn schonte. Er hat sein Schicksal ganz bewusst angenommen Er hat daran geglaubt, dass er mehr damit bewirken könne, wenn er stirbt, als wenn er sich zum König ausrufen lässt.

Kurz darauf kamen Soldaten, angeführt von einem seiner Freunde. Sie nahmen ihn gefangen. Er hat sich nicht gewehrt. Er ließ es geschehen, dass sie ihn als einen König verspotteten; ihm eine Krone aus Dornen aufsetzten; ihn schlugen. Dieselben Menschen, die kurz vorher ihn zum König ausrufen wollten, riefen nun: ›Kreuzige ihn!‹ Und er ließ es zu, dass sie ihn hinrichteten an einem Kreuz. Über seinem Kopf ein Schild mit der Aufschrift: ›Jesus von Nazareth, König der Juden.‹

Ja, ich habe einen König getragen. Keinen König, der nach Macht und Pracht geschaut hat. Einen, der sich zu den kleinen Eseln und zu den kleinen, ohnmächtigen Leuten bekannt hat. Für mich bleibt er ein König – wenn nicht sogar mehr: In ihm ist mir Gottes Sohn, Gott selber begegnet.«

Vor Kummer kann er nicht mehr arbeiten
Johannes 21. 1-14

1 Danach offenbarte sich Jesus abermals den Jüngern am See Tiberias. Er offenbarte sich aber so:

2 Es waren beieinander Simon Petrus und Thomas, der Zwilling genannt wird, und Nathanael aus Kana in Galiläa und die Söhne des Zebedäus und zwei andere seiner Jünger.

3 Spricht Simon Petrus zu ihnen: »Ich will fischen gehen.« Sie sprechen zu ihm: »So wollen wir mit dir gehen.« Sie gingen hinaus und stiegen in das Boot, und in dieser Nacht fingen sie nichts.

4 Als es aber schon Morgen war, stand Jesus am Ufer, aber die Jünger wussten nicht, dass es Jesus war.

5 Spricht Jesus zu ihnen: »Kinder, habt ihr nichts zu essen? Sie antworteten ihm: »Nein«.

6 Er aber sprach zu ihnen: »Werft das Netz aus zur Rechten des Bootes, so werdet ihr finden.« Da warfen sie es aus und konnten's nicht mehr ziehen wegen der Menge der Fische.

7 Da spricht der Jünger, den Jesus lieb hatte, zu Petrus: »Es ist der Herr!« Als Simon Petrus hörte, dass es der Herr war, gürtete er sich das Obergewand um, denn er war nackt, und warf sich ins Wasser.

8 Die andern Jünger aber kamen mit dem Boot, denn sie waren nicht fern vom Land, nur etwa zweihundert Ellen, und zogen das Netz mit den Fischen.

9 Als sie nun ans Land stiegen, sahen sie ein Kohlenfeuer und Fische darauf und Brot.

10 Spricht Jesus zu ihnen: »Bringt von den Fischen, die ihr jetzt gefangen habt!«

11 Simon Petrus stieg hinein und zog das Netz an Land, voll großer Fische, hundertdreiundfünfzig. Und obwohl es so viele waren, zerriss doch das Netz nicht.

12 Spricht Jesus zu ihnen: »Kommt und haltet das Mahl!« Niemand aber unter den Jüngern wagte, ihn zu fragen: »Wer bist du?« Denn sie wussten, dass es der Herr war.

13 Da kommt Jesus und nimmt das Brot und gibt's ihnen, desgleichen auch die Fische.

14 Das ist nun das dritte Mal, dass Jesus den Jüngern offenbart wurde, nachdem er von den Toten auferstanden war.

Zuerst war es eine gute Zeit«, so erzählt Petrus einem Freund. »Da bin ich mit diesem Jesus durch das Land gezogen. Durch ihn bekam mein Leben einen Sinn. Was er sagte, zog mich an. Ich wusste, wo ich hingehörte. Er war für mich wie ein Vater, ein Bruder, ein Freund zugleich. Es war eine gute Zeit, auch wenn es nicht immer einfach für mich war: Oft zeigte Jesus mir auch meine Schwächen. Ich musste mich selbst kennenlernen, und manche Erkenntnis tat auch sehr weh. Aber immer spürte ich, dass dieser Jesus mich mochte. Der ließ mich nicht fallen, wenn er meine Ecken, Kanten und meine Macken bemerkte. Es war eine gute Zeit. Ich hatte Mut. Ich war richtig lebendig. Ich hatte Freunde, die mit uns gingen. Ich wusste, wofür ich kämpfen konnte. Ich hoffte, dass wir die Welt zum Guten verändern könnten. Dafür war ich bereit zu kämpfen und zu sterben – so begeistert war ich! Na ja, als es dann wirklich gefährlich wurde, als sie Jesus festgenommen hatten, da habe ich dann doch Angst bekommen. Da war ich feige und habe gesagt: ›Ich kenne den nicht.‹ Dafür schäme ich mich heute noch. Aber das nur nebenbei.

Jedenfalls haben sie Jesus verurteilt und umgebracht. Für mich war das schrecklich. Der Boden war unter meinen Füßen weg. *Alles* war für mich vorbei: Mein bester Freund war tot. Mit ihm schwammen meine Ideale, meine Lebensziele, meine ganze Weltanschauung dahin. Dieser Jesus mit seinen Zielen war ja wohl gescheitert. Die Realität hatte uns eingeholt: Alles war wohl umsonst gewesen. Die anderen Freunde? Alle hatten sie wie ich nur noch Angst. Wir schlossen uns ein und kapselten uns ab. Dazu kam noch die große Enttäuschung über Judas: Einer von uns selbst hatte ihn verraten. Wem konnte man denn jetzt überhaupt noch trauen? Und dann war auch noch das Grab nach drei Tagen leer. Nicht einmal in Ruhe verabschieden konnten wir uns von unserem toten Meister. Manchmal hatte ich noch das Gefühl, als sei er unter uns. Immer wieder einmal flackerte seine Gegenwart zwischen uns auf. Im ersten Schock will man ja die Realität des Todes nicht begreifen.

Aber dann hielt ich all diese Gedanken nicht mehr aus. Ich wollte nicht mehr grübeln und trauern. Da dachte ich mir, dass ich am besten zurückgehe an den See Tiberias und meine frühere Arbeit wieder aufnehme. Ich wollte mich ablenken und wieder auf andere Gedanken kommen. So ging ich dort hin und fuhr mit meinem alten Boot hinaus. Ein paar Freunde waren mitgekommen. Auch die waren froh, dass sie irgendetwas tun konnten. Aber was soll ich dir sagen: Nicht einen einzigen müden Fisch fanden wir im Netz, obwohl wir die ganze Nacht gefischt hatten. Vielleicht waren wir ja aus der Übung? Vielleicht hatten wir einfach Pech? Vielleicht waren wir eben doch noch so sehr in unserer Trauer gefangen, dass wir uns nicht auf die Arbeit konzentrieren konnten?

Als die Nacht fast um war, war meine Stimmung nicht nur auf dem Nullpunkt, sondern noch darunter: Nicht einmal mehr das konnte ich, was ich früher doch ohne weiteres geschafft hatte – nicht einmal mehr fischen! Es war wirklich zum Verzweifeln!

Als wir wieder zum Ufer rudern wollten, rief uns von dort jemand zu: ›Kinder, habt ihr nichts zu essen?‹ Die Frage war mir ganz schön peinlich: Mit sieben Leuten hatten wir die ganze Nacht gearbeitet ohne jedes Ergebnis – und jetzt fasste noch jemand genau in die Wunde und sprach uns auf den Misserfolg an. Und er redete uns als ›Kinder‹ an! Tja, genau so kamen wir uns auch vor: um Jahrzehnte zurückgeworfen, hilflos und klein. Am liebsten hätten wir uns an eine Mutterbrust geworfen und nur noch geheult.

Als ich recht kleinlaut hinübergerufen hatte: ›Wir haben heute nichts gefangen!‹, da meinte dieser Mensch am Ufer, wir sollten das Netz rechts vom Schiff ins Wasser werfen. Nun, eigentlich war es schon etwas zu spät zum Fischen. Es wurde hell, und die Fische konnten das Netz schon sehen. Aber um ihn nicht vor den Kopf zu stoßen, warfen wir es halt noch einmal rein. Und an dieser Stelle des Sees müssen sich wohl alle Fische versammelt haben, denn das Netz wurde so voll, dass wir es gar nicht an Bord bekamen. Wir banden es etwas zu und zogen es einfach hinter dem Boot her. Zum Ufer war es ja nicht mehr weit: knapp hundert Meter.

Als Johannes dann noch sagte: ›Mensch, das muss doch Jesus sein!‹, da durchzuckte es mich. Eigentlich konnte er es ja nicht sein, aber unerklärlicherweise dachte ich: ›Er muss es doch sein!‹ Endlich kehrte meine alte Energie wieder in mich zurück. Ich erkannte: *Er* hatte gesprochen! Es gab wieder Hoffnung! Meine Welt konnte wieder in Ordnung kommen! Für mich gab es kein Halten mehr: Ich warf mir schnell ein Hemd über und sprang ins Wasser. Er sollte mir nicht entwischen. Ich musste so schnell wie möglich zu ihm. Alles andere – das Boot, die Fische, die Freunde – das war nebensächlich geworden. Und als ich ans Ufer kam, war da ein Mann, der schon Fische für uns auf dem Feuer hatte. Das war eine komische Situation: Wir als Fischer mussten uns zum Fisch einladen lassen! Der Mann muss diese Peinlichkeit wohl gespürt haben. Er schickte mich zum Boot, um von unseren frisch gefangenen Fischen auch noch welche dazuzulegen. Und dann aß er mit uns. Und bis heute ist mir nicht recht klar, was da eigentlich ablief: War das unser Jesus, mit dem wir so lange zusammen gewesen waren? Er muss anders ausgesehen haben, sonst hätten wir ihn ja wohl gleich erkannt. War das irgendein Fremder, der Erinnerungen bei uns ausgelöst hat? Keiner von uns war sich ganz sicher, und keiner traute sich zu fragen. Aber über eines waren wir uns sicher: Dieser Mensch hat uns Kraft gegeben. Wir bekamen wieder Mut, uns dem Leben zu stellen. Unser Selbstvertrauen keimte wieder auf. Wir konnten die Ideen wieder aufgreifen, denen wir früher bei Jesus nachgeeifert hatten. Ich bekam wieder Mut und Energie, den Weg Jesu nicht als Sackgasse zu betrachten, sondern ihn weiterzugehen. Für mich wurde deutlich: dieser Jesus begleitet mich weiterhin; auch wenn sie ihn ans Kreuz geschlagen haben.«

»Worauf führst du diese Änderung zurück?«, fragt der Freund Petrus, als der seine Geschichte beendet hat.

»Da kommt wohl Vieles zusammen«, antwortet Petrus. »Dieser Mann hat uns ausgehalten mit unserer Trauer und Mutlosigkeit. Er hat uns überhaupt erst einmal angesprochen in unserer Zurückgezogenheit. Vielleicht war es besonders gut, dass er uns nicht zu trösten versucht hat wie manch anderer. Er war da und hat uns Raum gelassen. Wir konnten unsere Erfolglosigkeit und unsere Verzweiflung aussprechen. Dann hat er uns nicht darauf festgenagelt, sondern uns ermutigt, es noch einmal zu versuchen. Er hat uns nicht einfach das Steuer aus der Hand genommen und alles besser gekonnt, sondern er hat uns zu unseren eigenen Möglichkeiten ermutigt. Er hat uns etwas zugetraut trotz des Misserfolgs. Er hatte ein warmes Feuer und etwas Gastfreundschaft für uns. Und schließlich hat er uns nicht dazu verdammt, dankbar Nehmende zu sein. Wir konnten auch selbst etwas geben und damit unsere Möglichkeit entdecken, wieder eigene Schritte zu gehen.«

»Und meinst du heute, dass es Jesus selbst war?«, unterbricht ihn sein Freund.

»Für mich war er es – selbst dann, wenn es ein ganz normaler Mensch aus dem nächsten Dorf gewesen sein sollte, der zufällig an diesem Morgen an den Strand gekommen war. Warum sollte mir Jesus nicht in jedem seiner Schwester und Brüder begegnen, wie er es selbst doch mitunter gesagt hat?«

Pfingstgespräch an der Himmelstür
Apostelgeschichte 2

1 Und als der Pfingsttag gekommen war, waren sie alle an einem Ort beieinander.

2 Und es geschah plötzlich ein Brausen vom Himmel wie von einem gewaltigen Wind und erfüllte das ganze Haus, in dem sie saßen.

3 Und es erschienen ihnen Zungen zerteilt, wie von Feuer; und er setzte sich auf einen jeden von ihnen,

4 und sie wurden alle erfüllt von dem heiligen Geist und fingen an, zu predigen in andern Sprachen, wie der Geist ihnen gab auszusprechen.

5 Es wohnten aber in Jerusalem Juden, die waren gottesfürchtige Männer aus allen Völkern unter dem Himmel.

6 Als nun dieses Brausen geschah, kam die Menge zusammen und wurde bestürzt; denn ein jeder hörte sie in seiner eigenen Sprache reden.

7 Sie entsetzten sich aber, verwunderten sich und sprachen: »Siehe, sind nicht diese alle, die da reden, aus Galiläa?

8 Wie hören wir denn jeder seine eigene Muttersprache?

9 Parther und Meder und Elamiter und die wir wohnen in Mesopotamien und Judäa, Kappadozien, Pontus und der Provinz Asien,

10 Phrygien und Pamphylien, Ägypten und der Gegend von Kyrene in Libyen und Einwanderer aus Rom,

11 Juden und Judengenossen, Kreter und Araber: wir hören sie in unsern Sprachen von den großen Taten Gottes reden.«

12 Sie entsetzten sich aber alle und wurden ratlos und sprachen einer zu dem andern: »Was will das werden?«

13 Andere aber hatten ihren Spott und sprachen: »Sie sind voll von süßem Wein.«

14 Da trat Petrus auf mit den Elf, erhob seine Stimme und redete zu ihnen: »Ihr Juden, liebe Männer, und alle, die ihr in Jerusalem wohnt, das sei euch kundgetan, und lasst meine Worte zu euren Ohren eingehen!

15 Denn diese sind nicht betrunken, wie ihr meint, ist es doch erst die dritte Stunde am Tage;

16 sondern das ist's, was durch den Propheten Joel gesagt worden ist:

17 ›Und es soll geschehen in den letzten Tagen, spricht Gott, da will ich ausgießen von meinem Geist auf alles Fleisch; und eure Söhne und eure Töchter sollen weissagen, und eure Jünglinge sollen Gesichte sehen, und eure Alten sollen Träume haben;

18 und auf meine Knechte und auf meine Mägde will ich in jenen Tagen von meinem Geist ausgießen, und sie sollen weissagen.

21 Und es soll geschehen: wer den Namen des Herrn anrufen wird, der soll gerettet werden.‹

22 Ihr Männer von Israel, hört diese Worte: ›Jesus von Nazareth, von Gott unter euch ausgewiesen durch Taten und Wunder und Zeichen, die Gott durch ihn in eurer Mitte getan hat, wie ihr selbst wisst –

23 diesen Mann, der durch Gottes Ratschluss und Vorsehung dahingegeben war, habt ihr durch die Hand der Heiden ans Kreuz geschlagen und umgebracht.

32 Diesen Jesus hat Gott auferweckt; dessen sind wir alle Zeugen.

33 Da er nun durch die rechte Hand Gottes erhöht ist und empfangen hat den verheißenen heiligen Geist vom Vater, hat er diesen ausgegossen, wie ihr hier seht und hört.‹‹

37 Als sie aber das hörten, ging's ihnen durchs Herz, und sie sprachen zu Petrus und den andern Aposteln: »Ihr Männer, liebe Brüder, was sollen wir tun?«

38 Petrus sprach zu ihnen: »Tut Buße, und jeder von euch lasse sich taufen auf den Namen Jesu Christi zur Vergebung eurer Sünden, so werdet ihr empfangen die Gabe des heiligen Geistes.

39 Denn euch und euren Kindern gilt diese Verheißung, und allen, die fern sind, so viele der Herr, unser Gott, herzurufen wird.«

40 Auch mit vielen andern Worten bezeugte er das und ermahnte sie und sprach: »Lasst euch erretten aus diesem verkehrten Geschlecht!«

41 Die nun sein Wort annahmen, ließen sich taufen; und an diesem Tage wurden hinzugefügt etwa dreitausend Menschen.

42 Sie blieben aber beständig in der Lehre der Apostel und in der Gemeinschaft und im Brotbrechen und im Gebet.

43 Es kam aber Furcht über alle Seelen, und es geschahen auch viele Wunder und Zeichen durch die Apostel.

Petrus und Holly stehen am Himmelstor. Holly ist der Spitzname für den Heiligen Geist. Alle im Himmel nennen ihn so. »Heute und morgen kommt wieder ein ganzer Schwung nach oben!«, meint Holly zu Petrus.

»Wieso gerade heute und morgen?«, fragt er zurück.

»Naja, es ist Pfingsten. Heute Nachmittag werden die ersten Motorradfahrer kommen, die zu schnell in die Kurve gegangen sind, und morgen der Rückreiseverkehr vom langen Wochenende!«

»Ach ja, Pfingsten – der Geburtstag der Kirche. Wie feiern sie das denn heutzutage da unten auf der Erde?«

Petrus kommt nicht oft auf die Erde. Der Heilige Geist Holly ist meistens dort und kennt sich besser aus.

»Ach, feiern tun sie es eigentlich kaum noch. Es ist eher eine Stimmung wie beim letzten Geburtstag deiner Schwiegermutter, als sie alt und sehr krank war und ihr sie noch mit Mühe für ein paar Minuten an den Tisch holen konntet.«

Petrus erinnert sich: »Das war ein ziemlich trauriger Tag. Wir haben uns den Kuchen reingewürgt und gedacht: ›Hoffentlich stirbt sie nicht ausgerechnet an ihrem Geburtstag!‹ Wie – und *so* feiern die Menschen heute Pfingsten? So freudlos und still? Das verstehe ich nicht!«

»Ja, schau mal zum Beispiel nach Deutschland: Da unten wird eine Kirche nach der anderen geschlossen, weil immer mehr Menschen austreten. Die Traditionen haben ihren Wert verloren. Individualität und Unabhängigkeit sind momentan hohe Werte, und da will man sich nicht gern einem Gott unterordnen. Beiden großen Kirchen geht das Geld aus. Es gibt mittlerweile betriebsbedingte Entlassungen – das war früher undenkbar! Wer bei der Kirche noch als Sekretärin oder Küster arbeitet, hat Angst um seinen Arbeitsplatz. Die meisten Pastoren sind ziemlich frustriert, weil immer nur vom Geld und vom Sparen die Rede ist. Ihre Verwaltungsarbeit nimmt zu. Für Seelsorge bleibt kaum Zeit. Alles ist auf Rückbau programmiert. Manchmal hat man den Eindruck, die Kirchen leitenden Versammlungen würden sich nicht mehr für den Glauben interessieren, sondern nur noch schauen: Was können wir streichen? Wo sparen wir am meisten? Wem können wir eine Kirche verkaufen oder ein Gemeindehaus?

Und dadurch, dass die Welt klein geworden ist, gibt es viel Konkurrenz durch die verschiedenen Religionen und Weltanschauungen. Fremde Religionen aus Asien scheinen erst einmal interessanter zu sein, weil sie ungewohnt und neu erscheinen. Dazu kommen Astro-Shows im Fernsehen und esoterische Zirkel, die Glück und Wohlbefinden versprechen.

Viele Menschen glauben an nichts mehr oder nur ans eigene Bankkonto: ›Geiz ist geil!‹ – ach ja, die Stimmung hat sich ziemlich gewandelt. Rückzug, Vorsicht und Ängstlichkeit sind unter Christen angesagt. Ich bin selbst gespannt, ob unser Chef die Kirchen auflösen wird.«

»O weia«, meint Petrus. »Was für ein Unterschied! Damals – das war toll! Die Menschen sind zu uns geströmt. Sie haben uns zugehört. Wir waren begeistert von diesem Erfolg und sind über uns selbst hinausgewachsen. Wir haben erzählt von Jesus und was er uns bedeutete. Wir konnten selbst diejenigen mit unseren Worten anstecken, die nicht mal unsere Sprache beherrschten. Wir waren ja kaum zu bremsen. Weißt du das noch?« Die Begeisterung von damals kann man jetzt schon fast wieder auf Petrus' Gesicht ablesen.

»O ja, ich kann mich sehr wohl erinnern, Petrus«, antwortet Holly. »Aber bevor ich euch eingeheizt habe, wart ihr damals genauso am Ende wie die Kirchen heute: Ihr hattet euch ängstlich zurückgezogen. Ihr hattet das Gefühl: ›Wir sind gescheitert mit diesem Jesus, der ans Kreuz geschlagen wurde und tot ist‹. Als er euch nach Ostern auf verschiedene Weise begegnet ist, habt ihr das nicht deuten und nicht glauben können. Damals haben wir hier im Himmel gedacht: ›Nun gut, Jesus ist auf die Erde gegangen. Er hat Gutes vollbracht, hat alle Schuld der Menschen auf sich genommen und hat sich selbst zum Heil der Menschen geopfert. Aber das war's dann wohl auch. Seine Freunde und Jünger haben zu viel Angst, weiter zu ihm zu stehen – und bald wird alles wieder vergessen sein.‹«

»Ja, so viel anders als heute bei den Menschen dort war es bei uns wohl auch nicht – da hast du Recht! Und was war damals hier im Himmel los?« Petrus kann es ja nicht wissen, weil er damals noch unten zwischen den Jüngern gewesen ist.

»Na ja, also Jesus hat zu mir gesagt: ›Du musst mal runter und meinen Freunden die Angst und Resignation nehmen. Gib ihnen Mut, zu mir zu stehen. Mach ihnen den Mund auf, damit sie von mir erzählen. Lass sie so mit den Menschen reden, dass man ihnen glauben und vertrauen kann. Bring ihnen Zusammenhalt untereinander und Einsatzfreude!‹«

Petrus unterbricht ihn. »Das hast du echt gut hingekriegt. Du hast uns damals ganz schön eingeheizt! Die Energie und Begeisterung haben uns so entflammt, dass sie uns fast schon wieder aus dem Kopf herauskamen. Wir platzten vor Tatendrang. Du hast so viel frischen Wind verbreitet, Holly! Alle Angst und Depression war wie weggeblasen.

Wir begannen einfach zu reden, wie uns der Schnabel gewachsen war. Wir haben von Jesu Taten erzählt, die wir mit ihm erlebt haben. Von den tollen Reden und Geschichten, die er erzählt hat. Von der Liebe, die er verschenkt hat. Wie er vielen Menschen geholfen hat. Wir haben von seinem traurigen, leidvollen Ende erzählt und wie wir dann doch einen guten Sinn darin entdeckt haben. Wir haben entdeckt und davon gesprochen, dass Jesu Geist und Kraft nicht tot ist, sondern dass er uns weiter in unserem Leben begleitet und uns immer wieder begegnet und führt. Mir war damals selbst etwas unheimlich, wie es zu diesem Stimmungsumschwung gekommen ist. Du warst das also, Holly! Genial! Aber wieso haben uns damals eigentlich die Fremden verstanden, die gar nicht unsere Sprache kannten?«

»Ich weiß noch, dass ihr damals mit Händen und Füßen geredet habt. Dann war da der Ton in der Stimme, der zeigte, dass eure Worte direkt aus dem Herzen kamen. Und den Umgang miteinander konnte man spüren. Ihr seid auf die Fremden vorbehaltlos zugegangen und habt sie willkommen geheißen. Das hat eure Botschaft so anziehend gemacht, dass sie sich bei allen anfänglichen Problemen über die ganze Welt verbreitet hat.«

»Und jetzt geht es damit zu Ende? Nach 2000 Jahren vorbei?« Petrus schaut sehr nachdenklich hinunter auf die Erde.

»Ich weiß es nicht«, meint Holly. »So wie in Deutschland sieht es ja zum Glück nicht überall aus. In vielen Ländern hat der christliche Glaube eine starke Bedeutung, und Gemeinden wachsen und gedeihen. Vielleicht ist das Land zu satt.«

»Also wird Gott eine Hungersnot oder einen Krieg schicken, damit die Menschen wieder glauben?«, fragt Petrus.

»Ich hoffe nicht!«, erwidert Holly.

»Kannst du nicht wie damals runtergehen und brausen und Feuerzungen verteilen und Menschen den Mund aufmachen?«

»Eigentlich bräuchten die Menschen nur in ihre Bibel zu schauen. Fast jeder hat sie ja noch zu Hause stehen. Wenn sie den Mund aufmachen und in ihrem ganz normalen Alltag erzählen, was ihnen Jesus und Gott bedeuten, statt sich still und schamhaft in ihr Kämmerlein zu verkriechen, dann wird wieder Pfingsten. Wenn die Großmutter ihrem Enkel, der Vater seiner Tochter vom eigenen Glauben erzählt. Wenn auf der Arbeit niemand verschweigt, dass er Christ ist und nicht nur vom Wochenendausflug erzählt, sondern auch vom Kirchgang. Wenn die Ärztin im Krankenhaus dazu steht, dass auch sie ohne Gottes Hilfe machtlos ist. Wenn Freunde sich beim Krankenbesuch auch trauen zu sagen: ›Ich bete für dich!‹ Wenn viele ein kleines Abziehbild mit einem Fisch auf ihr Auto kleben und damit bekennen: ›Ich bin Christin beziehungsweise ich bin Christ.‹ Wenn man sein Tischgebet nicht glaubt verstecken zu müssen und genauso selbstverständlich zum christlichen Glauben steht, wie jeder gläubige Moslem zu seinem Glauben, dann brauchen wir um die Kirchen keine Angst zu haben.«

Petrus sinniert: »Vielleicht dürfen die Christen nicht zu viel nur den Pastoren überlassen. Wenn sie sagen: ›Die Kirche sind wir!‹, dann kommt wieder Leben in die Bude. Natürlich sollten sie nicht fanatisch bedrängen oder intolerant mit anderen umgehen, sondern freundlich einladend einfach von sich selbst und ihren eigenen Erfahrungen mit Gott erzählen. So viele haben doch Gottes Führung selbst erlebt. So viele fühlen sich von einem guten Gott angenommen und geliebt. Wenn sie einfach herzlich davon erzählen könnten, ohne den Druck auszuüben: ›Du musst da auch dran glauben!‹, und wenn der freundliche Umgang dann auch noch zu den Worten passt, dann wird es Pfingsten. Vielleicht nicht gerade an dem Tag, der im Kalender dafür vorgesehen ist, sondern irgendwann – mal hier; und an einem anderen Tag dort.«

Aufruhr im Körper
1. Korinther 12. 12-27

12 Denn wie der Leib einer ist und doch viele Glieder hat, alle Glieder des Leibes aber, obwohl sie viele sind, doch ein Leib sind: so auch Christus.

13 Denn wir sind durch einen Geist alle zu einem Leib getauft, wir seien Juden oder Griechen, Sklaven oder Freie, und sind alle mit einem Geist getränkt.

14 Denn auch der Leib ist nicht ein Glied, sondern viele.

15 Wenn aber der Fuß spräche: »Ich bin keine Hand, darum bin ich nicht Glied des Leibes«, sollte er deshalb nicht Glied des Leibes sein?

16 Und wenn das Ohr spräche: »Ich bin kein Auge, darum bin ich nicht Glied des Leibes«, sollte es deshalb nicht Glied des Leibes sein?

17 Wenn der ganze Leib Auge wäre, wo bliebe das Gehör? Wenn er ganz Gehör wäre, wo bliebe der Geruch?

18 Nun aber hat Gott die Glieder eingesetzt, ein jedes von ihnen im Leib, so wie er gewollt hat.

19 Wenn aber alle Glieder ein Glied wären, wo bliebe der Leib?

20 Nun aber sind es viele Glieder, aber der Leib ist einer.

21 Das Auge kann nicht sagen zu der Hand: »Ich brauche dich nicht«; oder auch das Haupt zu den Füßen: »Ich brauche euch nicht.«

22 Vielmehr sind die Glieder des Leibes, die uns die schwächsten zu sein scheinen, die nötigsten;

26 Und wenn ein Glied leidet, so leiden alle Glieder mit, und wenn ein Glied geehrt wird, so freuen sich alle Glieder mit.

27 Ihr aber seid der Leib Christi und jeder von euch ein Glied.

Aufruhr gab es eines Tages im Körper eines Menschen. Alle Körperteile hatten sich miteinander zerstritten. Die Füße klagten: »Immer soll ich euch alle tragen. Wer trägt mich denn mal?« Die Augen sagten: »Immer soll ich aufpassen und alle warnen, wenn Gefahr droht. Wer passt denn auf mich auf?« Die Ohren meinten: »Ihr habt es doch noch besser als wir: Ihr könnt nachts die Deckel zumachen und schlafen; aber wir sind immer angeschaltet – Tag und Nacht! Immer müssen wir horchen, und wichtige von unwichtigen Geräuschen unterscheiden! Und nirgends gibt es mehr wirkliche Ruhe für uns!« Da pochte ihnen das Herz entgegen: »Ihr Ohren könnt ja einfach mal weghören zwischendurch, aber ich darf keine einzige Minute aussetzen. Manchmal werde ich auch noch auf die doppelte Geschwindigkeit angetrieben!« Die Lungen meuterten: »Immer wieder geben wir den schönen Sauerstoff ab, und zurück bekommen wir nur das verbrauchte Kohlendioxid! Womit haben wir das verdient?« Die Haare jammerten: »Wir strengen uns an und wachsen. Kaum haben wir es aber mal wieder ein paar Zentimeter weiter geschafft, dann werden wir wieder abgeschnitten. Einerseits sollen wir voll da sein ohne Lücken, doch nie werden wir einzeln gewürdigt; immer nur alle zusammen! Oft gefallen wir unseren Besitzern nicht. Dann färben sie uns oder verbiegen uns mit Chemie und Hitze. Und wenn eins von uns mal ausfällt und irgendwo landet, dann sollen wir plötzlich ekelig sein! Das ist ja frustrierend!« Die Hände beschwerten sich: »Wir müssen ja wohl am meisten von uns allen arbeiten. Wir sind dem Schmutz ausgesetzt; müssen euch andere auch noch hegen und pflegen – und keiner von euch dankt es uns!« Der Mund sagte: »Ihr habt alle nur eine einzige Aufgabe. Aber ich – ich muss reden, essen und trinken, alles Mögliche zerkauen und dabei noch den Atem durchlassen – und zur Belohnung bohrt auch noch der Zahnarzt in mir herum!«

So stritten sie miteinander. Jeder wollte den anderen klar machen, dass er besonders wichtig sei und viel mehr Beachtung verdient habe. Nur der Magen und der Darm waren ganz still.

Nach einer Weile aber sagte der Mund: »Am faulsten von uns allen ist ja wohl der Magen und der Darm! Sie liegen einfach im Bauch herum; wir müssen alles heranschaffen und füttern sie mit den herrlichsten Dingen; ich muss ihnen sogar noch alles vorkauen. Und die können einfach all die Leckereien genießen, die wir ihnen präsentieren. Und alles, was die produzieren und was dann hinten herauskommt, ist stinkender Abfall! Das sollten wir nicht mehr mitmachen! Die sollen jetzt mal selbst für sich sorgen! Ich esse und kaue jetzt nichts mehr für den Magen!«

Schnell waren sich alle einig, dass Magen und Darm für ihre Faulheit bestraft werden sollten, und so bekamen sie nichts mehr zu essen. Außerdem beschloss man, später einmal auch das Gehirn unversorgt zu lassen, denn das bewegte sich ja auch in keiner Weise und wollte trotzdem alles kontrollieren, steuern, regeln und bestimmen.

Nun hatten sie wohl ihre Sündenböcke gefunden, und alle freuten sich, dass sie mal endlich zeigen konnten, wie wichtig sie waren – denn die eigene Unersetzlichkeit merken die anderen ja immer erst dann, wenn man nicht mehr so funktioniert, wie sie es gewöhnt sind! Das Herz schlug also nur noch ganz langsam und setzte manchmal aus. Die Lungen gaben nur wenig Sauerstoff ab. Der Mund nahm keine Flüssigkeit und keine Nahrung mehr zu sich. Die Hände legten sich still in den Schoß; die Füße warteten bis der Körper sich hingelegt hatte und entspannten sich. Die Augen klappten ihre Deckel zu. Die Ohren stellten sich auf Durchzug. Voll Genugtuung merkten alle, wie der Magen vor Hunger knurrte und die Därme sich nur noch mit Luft blähten.

Schadenfroh lachten die verschiedenen Körperteile in sich hinein, bis sie selbst immer müder wurden. Irgendetwas fehlte ihnen. Das Blut war anders, als sie es sonst kannten. Es brachte keine Energie mehr mit. Sie wurden immer kraftloser und hinfälliger. Die Schadenfreude wich einer immer größer werdenden Angst. »Könnte unser schwacher Zustand einen Zusammenhang mit unserem Streik haben? Sollte der Magen und der Darm doch einen Sinn haben?«

Der Mund war der Erste, der probehalber mal einen Schluck trinken und einen Happen essen wollte – nur, um mal zu sehen, was sich ändert, wenn er dem Magen etwas abgibt. Doch wie sollte er etwas essen, wenn die Hände es ihm nicht gaben? Die Hände aber brauchten die Füße, die sie dorthin brachten, wo es etwas Essbares gab. Die Füße brauchten wiederum den kräftigen Herzschlag und den Sauerstoff aus den Lungen, um sich bewegen zu können. Ohne die Augen konnten sie nichts finden, und schließlich fiel ihnen auf, dass auch das Gehirn unersetzlich war. Ohne die geistige Schaltzentrale könnten sie keine Pläne machen, sich nicht miteinander verständigen und aufeinander abstimmen.

So schlossen sie alle Frieden und fingen an, die anderen genauso wichtig zu nehmen wie sich selbst.